D1261078

Guide de survie
de la femme
au travail

KATHY PEEL

Guide de survie de la femme au travail

Libre Expression

Données de catalogage avant publication (Canada)

Peel, Kathy, 1951-

Guide de survie de la mère au travail : famille, travail, loisirs :
comment tout concilier au quotidien

Traduction de : The family manager's guide for working moms.

ISBN 2-89111-827-8

1. Mères au travail – Budgets temps. 2. Famille – Budgets temps.
3. Travail et famille. I. Titre.

HQ759.48.P4314 1999   640'.43'0852   C99-940480-6

Titre original
THE FAMILY MANAGER'S® GUIDE FOR WORKING MOMS
REGISTERED IN THE U.S. PATENT AND TRADEMARK OFFICE

Traduction
GIL COURTEMANCHE

Maquette de la couverture
FRANCE LAFOND

Infographie et mise en pages
SYLVAIN BOUCHER

Tous droits de traduction et d'adaptation réservés ;
toute reproduction d'un extrait quelconque de ce livre
par quelque procédé que ce soit, et notamment par photocopie
ou microfilm, est strictement interdite sans l'autorisation
écrite de l'éditeur.

© Family Manager, Inc., 1997
© Ballantine Books, une division de Random House, 1997
© Éditions Libre Expression ltée, 1999, pour la traduction française

Éditions Libre Expression
2016, rue Saint-Hubert
Montréal (Québec) H2L 3Z5

Dépôt légal :
2e trimestre 1999

ISBN 2-89111-827-8

À Cynthia Romaker Fullmer.

Chaque ami représente un monde en nous,
un monde qui n'est peut-être pas encore né
avant que cette personne arrive,
et ce n'est qu'après notre rencontre avec elle
qu'un nouveau monde naît.

Anaïs NIN

Le credo de la gestionnaire familiale

Je supervise une organisation…

Où sont prises chaque jour des centaines de décisions,

Où sont gérés des biens et des ressources,

Où sont déterminés les besoins relatifs à la nutrition et à la santé,

Où sont discutées et débattues des questions concernant
les finances et l'avenir,

Où sont planifiés des projets, et organisés des événements,

Où les déplacements et les horaires ont une importance capitale,

Où la constitution d'une équipe efficace est une priorité,

Où des carrières commencent et prennent fin.

Je supervise une organisation…

Je suis une gestionnaire familiale.

Table

Point de départ

Si les fourmis sont tellement occupées, comment se fait-il qu'elles ne ratent aucun pique-nique ?

« Quand mes enfants décident tout à coup que nous devrions partir en pique-nique ou que mon mari me propose d'aller au cinéma, je fais face à un dilemme insoluble. » C'est Julie, une gérante des ventes exténuée, qui parle. « Si j'accepte, je me sens coupable parce que le lavage n'est pas fait, parce que je n'ai pas payé les comptes, ni terminé les rapports mensuels, parce que j'ai plein de gens à rappeler et qu'il reste mille autres petites choses à faire. Mais si je continue à travailler, je me sens aussi coupable parce que je tiens à passer du temps avec ma famille. Je ne sais jamais comment résoudre l'équation. » Ce sentiment d'impuissance, il est partagé par presque toutes les femmes de carrière.

Depuis dix ans, j'ai parlé avec des milliers de femmes. Au cours de ces conversations, j'ai progressivement découvert des comportements typiques. J'ai retrouvé le même déchirement chez des femmes de tous les coins du pays. Elles sont préoccupées par leur mariage, leur emploi et leurs enfants. La situation économique, l'environnement, l'avenir incertain de leurs enfants les inquiètent profondément. Elles se posent des questions sur les écoles, les amis de leurs enfants et les valeurs que transmet la télévision. Elles ont l'impression que le temps leur manque pour faire tout ce qu'elles veulent faire ou tout ce qu'elles pensent devoir faire. Elles se sentent complètement déséquilibrées et me disent qu'elles ne voient pas la journée passer. S'amuser est réservé aux enfants.

- Quand avez-vous fait de la bicyclette pour la dernière fois?
- Quand avez-vous créé une chose de vos mains?
- Y a-t-il longtemps que vous avez eu tant de plaisir à vivre que vous avez ri aux éclats?
- Les mots «jeu» et «repos» vous sont-ils inconnus?
- Luttez-vous contre le temps?

Regardons les choses en face. Nous sommes toutes confrontées aux mêmes problèmes. Que nous élevions des adolescents dans un milieu rural ou des enfants d'âge préscolaire dans une grande ville, que nous soyons médecins ou couturières, que nous ayons des revenus modestes ou élevés, seuls les détails diffèrent.

De quelque région qu'elles soient, les femmes partagent aussi des succès. Plusieurs réussissent à gérer assez bien carrière et vie familiale. En fait, je dois avouer que la bonne *et* la mauvaise nouvelle, c'est qu'aucune des milliers de femmes que j'ai rencontrées ne pense qu'elle est parfaite.

Le principal problème, c'est précisément la perfection. C'est une illusion. Nous rêvons à la situation parfaite que nous vivrons quand les enfants seront assez âgés pour s'occuper d'eux-mêmes, quand nous obtiendrons une promotion, quand nous achèterons une plus grande maison plus facile à entretenir, quand nous prendrons notre retraite, etc. Nous rêvons sans cesse à quand... et, tout à coup, nous nous rendons compte que la perfection n'est toujours pas là et que vingt années se sont écoulées.

Où sont passées les heures et les minutes, entre les promotions, les rêves et les projets? Comment trouver la satisfaction et aussi un sain équilibre? Comment faire en sorte que la vie soit vivable?

Je veux vous rassurer dès le début. Je ne vous dirai pas comment vous pouvez tout avoir et tout faire. Je ne vous apprendrai pas comment conserver une silhouette mince, une

famille unie, une carrière stimulante et une vie sexuelle tor-
ride… en consommant cinq cents calories et en dormant trois
heures par jour. Je vais tout simplement vous montrer comment
mener votre vie familiale et professionnelle comme un bon
gestionnaire qui réussit à concilier les exigences de la carrière
et celles de la famille. Le mot clé est «concilier», ou, si vous
préférez, «équilibrer». Ce sont des mots que vous lirez souvent
dans les pages qui suivent. Car c'est précisément l'équilibre
entre travail et repos, entre réflexion et spontanéité, entre donner
et recevoir, entre vous-même et les autres qui produit une vie
épanouie. C'est cette capacité de concilier divers éléments qui
permet à la fois de mener une carrière, à plein temps ou à mi-
temps, et de gérer efficacement l'organisation de la maison.

Depuis dix ans, j'ai écrit douze livres et des douzaines
d'articles. J'ai aussi prononcé des centaines de discours sur la
vie des femmes d'aujourd'hui, sur leur façon de vivre et sur
ce qu'elles souhaitent réaliser. Au début, c'était une recherche
personnelle. Aujourd'hui, c'est une vocation. J'ai écrit, j'ai parlé
et j'ai écouté. De tout ce que j'ai entendu, je retiens deux choses
primordiales : nous apprenons constamment et nous sommes,
l'une pour l'autre, les meilleures enseignantes.

Ce livre veut vous aider à découvrir ce qui est important pour
vous et comment orienter votre vie en fonction de ces priorités,
comment réaliser les rêves que vous avez pour vous et votre
famille. Nous allons voir comment il vous est possible, chacune
à votre façon, de développer des stratégies efficaces pour
atteindre vos objectifs. Ce que je ne veux surtout pas faire, c'est
proposer un même modèle pour toutes. Nous sommes toutes
uniques, même si nous sommes toutes des femmes qui avons
deux carrières.

Ce livre ne s'adresse pas seulement aux femmes qui ont deux
carrières à plein temps, une à la maison et l'autre sur le marché
du travail. Je l'ai aussi écrit pour celles qui ont un emploi à
plein temps à la maison et à temps partiel à l'extérieur, ainsi
que pour celles qui s'impliquent à plein temps dans leur
communauté comme bénévoles. La femme la plus occupée
que je connaisse siège à plusieurs conseils d'administration
d'organismes communautaires, effectue des centaines d'heures

de travail bénévole et, évidemment, s'occupe à plein temps de sa famille.

Ce livre veut vous provoquer dans le bon sens du terme en vous fournissant des idées et des formules qui puissent s'appliquer à votre cas particulier. Ce n'est pas un manuel d'instructions, mais un cadre de référence qui vous permettra de tracer votre propre chemin vers une vie équilibrée et satisfaisante. Ce livre est né de ma double expérience de «gestionnaire familiale» et de femme d'affaires, et de tout le temps que j'ai consacré à aider les femmes à s'occuper de leur famille en même temps que de leur vie personnelle. J'ai ainsi appris à mieux gérer ma propre vie.

Comme vous, j'entretiens beaucoup de désirs. Je veux être une bonne épouse, une bonne mère, une compagne de travail agréable, une amie disponible, une sœur attentionnée et une citoyenne engagée. Je veux être en santé, habile intellectuellement, émotivement stable. Je désire avoir des valeurs spirituelles solides, être acceptée dans mon milieu et connaître le succès en affaires. Ce sont des objectifs bien vastes et il me reste beaucoup de chemin à parcourir, mais je ne cesse de tenter de m'améliorer.

Je vous invite à progresser, peu importe de quel point vous partez. Dans un cahier, prenez des notes sur votre apprentissage. Utilisez ce livre et les idées qu'il contient comme un tremplin qui vous aidera à trouver vos propres solutions. Plus vous vous approprierez ce livre, plus vous connaîtrez une vie équilibrée.

Vous êtes certainement talentueuse, sinon vous n'auriez pas à gérer une famille et une carrière. Vous voulez aussi réussir dans ces deux domaines, sinon vous ne liriez pas ce livre. Considérez-vous comme forte, capable et habile. Relisez cette dernière phrase. Et maintenant, voyons comment vous pouvez être besogneuse comme une fourmi… et ne jamais rater le pique-nique !

1

Deux emplois,
une seule vie

Aimer ce qu'on fait et avoir l'impression que c'est important ; comment imaginer quelque chose de plus amusant ?

Katharine GRAHAM

La journée a été longue, mais elle a aussi été bonne. Je me suis levée comme toujours à 4 h 50 et suis arrivée au YMCA à 5 h 25 pour ma séance d'exercices. Normalement, à cette heure, nous ne sommes qu'une petite bande de maniaques, mais nous étions au début de janvier et la salle était remplie par toutes celles qui avaient pris des résolutions du Nouvel An. À 6 h 20, je suis allée au supermarché, puis je suis rentrée à la maison. En rangeant les emplettes, j'ai écouté attentivement pour être certaine que James, mon fils de onze ans, était sous la douche. J'ai préparé le petit-déjeuner et regardé mon agenda de la journée. Après avoir terminé ses tâches matinales, James est parti pour l'école à 7 h 30. J'ai nettoyé la cuisine, ramassé les poils du chien sur le plancher, fait le lit et commencé un lavage. Enfin, j'ai sorti le bœuf haché du congélateur. Bill, mon mari, va faire du chili ce soir.

À 8 heures j'étais dans mon bureau, prête pour mon deuxième emploi. Je dois rédiger trois articles de magazine, écrire un livre, préparer une émission pour la télévision et une autre pour la radio. J'ai reçu quelques appels téléphoniques et j'ai parlé à des publicistes, à des agents et à des éditeurs.

Je travaille à la maison, dans un bureau que je partage avec Bill. Depuis que j'ai commencé à écrire et à parler sur la «gestion familiale», j'ai rencontré des milliers de femmes dont plusieurs sont devenues des amies. Parmi elles, il y a des médecins, des entrepreneurs, des infirmières, des secrétaires, des policières, des graphistes, des représentantes commerciales, des éditrices, des hygiénistes dentaires, des cadres en publicité, des enseignantes, des gérantes, des agents de voyage, des pasteurs, des thérapeutes et enfin des femmes dont le «seul» emploi en ce moment est celui de «gestionnaire familiale».

En fait, il ne s'agit pas de deux emplois, mais bien d'une vie. Peu importe le nombre d'emplois que nous occupons, nous n'avons qu'une vie. Elle peut être complexe et mouvementée, mais seules nous pouvons en faire ce que nous désirons. Ce livre tente de concilier et d'harmoniser ce que nous considérons comme deux mondes séparés, le travail et la maison, et d'en arriver ainsi à une vie à la fois productive et satisfaisante. On parle ici d'équilibre et de simplification. Depuis longtemps j'ai cessé de tenir des listes séparées de travaux à faire, une pour la maison et une pour le boulot. Ou une liste prioritaire pour la famille et une autre, secondaire, pour le travail. Ou encore une liste des priorités liées au travail et une liste des choses secondaires liées à la maison. La vraie vie ne sépare pas ces choses.

C'est pourquoi ma liste de travaux à faire en ce jour, en plus d'inclure les émissions de télévision et de radio, me rappelle aussi que je dois préparer le retour au collège de Joel, mon fils de dix-neuf ans, prendre rendez-vous chez le dentiste, échanger le dernier cadeau de Noël qui ne fait pas, envoyer une carte de prompt rétablissement à une amie et — la tâche la plus excitante! — acheter un nouveau couvre-matelas pour notre lit.

D'autres jours, on me verra en route vers l'aéroport, porte-documents à la main, ou mettant une brassée dans la laveuse après une conversation téléphonique de vingt minutes avec mon éditeur et juste avant d'aller mener James et ses copains à une partie du sport de la saison. Souvent, je fais les courses durant

Selon l'auteur Juliet B. Schor, les femmes d'aujourd'hui ont un double fardeau de travail : les devoirs qu'elles doivent assumer à la maison et ceux du travail. Près des deux tiers de toutes les femmes travaillent aujourd'hui. Presque autant de femmes sont aussi mamans. Pas surprenant que nous nous sentions dépassées. Schor note que notre journée commence presque toujours avant l'aube, alors que nous nous consacrons au lavage, au repassage, etc., avant de nourrir et d'habiller les enfants et de les envoyer à l'école. Puis nous nous rendons au travail. Après une journée complète, nous revenons à la maison pour notre deuxième «quart de travail», qui consiste à être mère, épouse, fille et amie. Notre début de soirée est consacrée aux courses, à la cuisine et au nettoyage. Tout en aidant les enfants à faire leurs devoirs et à se préparer pour la nuit, nous accomplissons le plus de travail ménager possible. Une étude conclut que nous consacrons plus de quatre-vingts heures par semaine à nos deux emplois.

l'heure du lunch et parfois je travaille tard le soir pour respecter une date de tombée ou pour installer les décorations pour la fête du lendemain.

Ça vous semble familier? Si votre agenda de la journée est un curieux mélange de l'essentiel et du superflu, ainsi que des besoins de vos collègues, clients, patrons et/ou de votre famille, nous sommes dans le même bateau. Nous menons deux emplois à temps plein et, parfois, le bateau a des fuites.

Le miracle des chapeaux

Comme vous, je porte plusieurs chapeaux et, parfois, j'ai de la difficulté à les conserver sur ma tête. Une lettre que j'ai reçue récemment énumérait tous les chapeaux que la femme contemporaine doit porter. Est-ce que cette liste vous semble familière?

Comptable et commis aux livres, superviseur de l'entretien de l'automobile, gardienne d'enfants, travailleuse en garderie, contremaîtresse, préposée au classement, chauffeur, meneuse de claques, entraîneur sportif, conseillère,

doyenne de l'éducation, responsable du divertissement,
coordinatrice de l'habillement, spécialiste en éducation
physique, jardinière, responsable des cadeaux, thérapeute,
historienne et conservatrice, gérante d'hôtel, décoratrice,
buandière, femme de ménage, responsable des services
alimentaires, acheteuse, arbitre, couturière, secrétaire,
agent de voyage, vétérinaire.

Bien sûr, personne ne porte tous ces chapeaux le même jour,
mais nous mettons chacun d'eux régulièrement. Il fut un temps
où je tentais avec une détermination farouche de répondre avec
ma seule énergie et sans planification aucune à toutes ces
demandes. Depuis la fin de mes études et jusqu'au moment où
je me suis retrouvée avec trois enfants et une familiale, j'avais
décidé d'être la mère parfaite, peu importe ce que cela exigeait.
Et Dieu sait que les exigences étaient grandes. Ma famille peut
vous dire aujourd'hui que le fait de porter tous ces chapeaux
était aussi facile à maîtriser pour moi que l'astrophysique.
Les gens que je rencontre sont souvent surpris par mon passé.
Ils pensent que je suis ce genre de personne qui remet droits
les cotons-tiges et pour qui l'efficacité est une sorte de qualité
héréditaire, inscrite dans ses gènes. Ils ont tort. Longtemps, j'ai
été la personne la plus désordonnée qu'on puisse imaginer.
Demandez à mes colocataires du temps de mes études collé-
giales... Ou à mon mari, Bill, qui vous dira qu'au début de
notre mariage il fallait presque ratisser les planchers avant de
passer l'aspirateur.
Mes parents étaient des professionnels. Ma mère possédait
des boutiques de vêtements féminins qui pouvaient compter sur
un tailleur à plein temps. À la maison, nous avions une aide
ménagère et un cuisinier. Je n'ai donc jamais appris à coudre,
à nettoyer ou à faire la cuisine. Je travaillais dans une des boutiques de ma mère de telle sorte que, contrairement à mes amies,
je n'avais pas à garder des enfants pour gagner un peu d'argent.
Je ne connaissais à peu près rien des petits enfants.
Le fait que je travaillais, à mi-temps au début, puis (et encore
aujourd'hui) à plein temps, a vite compliqué ma façon de vivre
en famille. Je compris rapidement que ma seule détermination

ne parviendrait pas à résoudre ma situation. J'avais besoin d'aide. C'est ici que mon enfance me fut très utile.

Certes mes connaissances ménagères étaient bien limitées à cause de mon environnement familial, mais j'avais appris beaucoup à propos des affaires. La résolution de problèmes m'était familière, de même que la constitution d'une équipe, la détermination d'objectifs, la recherche et le développement, le processus de délégation, l'innovation et la créativité. Pendant que les autres femmes feuilletaient les journaux à potins en attendant de passer à la caisse au supermarché, je lisais des revues sur les affaires. Bien qu'au départ ma connaissance des affaires parût peu utile dans la recherche de l'efficacité à la maison, elle devint mon cadre de référence pour élaborer une philosophie pour la famille et la maison, la base de ce que j'appelle aujourd'hui la gestion familiale stratégique. En même temps, j'évitai de devenir complètement folle.

Tout devint plus clair quand je découvris que je pouvais utiliser les connaissances acquises dans le commerce pour gérer mon environnement familial. Je compris que l'appellation «ingénieur domestique» ne correspondait pas vraiment à la tâche que je remplissais. J'étais en fait une gestionnaire familiale. Je commençai donc par changer ma perception de moi-même. Cette pensée que j'étais une gestionnaire fut une pensée libératrice. Je voyais le monde avec un regard neuf. Je compris que, comme tout gestionnaire, je devais trouver les moyens d'organiser mon esprit, ma journée et ma vie. Je devais simplifier les choses. Je relus mon journal personnel des années précédentes. J'y avais inscrit des objectifs, les choses que je réussissais, des pensées stimulantes, des expériences vécues par d'autres femmes et que je trouvais enrichissantes. Je me mis alors à réfléchir à la routine familiale et à ses exigences spécifiques. Et j'entrepris de converser sérieusement avec des femmes dont j'admirais la vie.

Rédiger une description de tâche

Après avoir réfléchi longuement à mon rôle de gestionnaire, je me suis invitée moi-même à un long lunch d'affaires. Avec mon stylo préféré, je notai, sur des pages de format légal, toutes les tâches et les responsabilités de mon emploi. M'inspirant de mon expérience du monde des affaires, j'étudiai ces activités et tentai de les définir et de les regrouper dans des secteurs communs. Je voulais trouver des thèmes, des constantes. Et j'en trouvai. Sept domaines généraux d'activités se dégagèrent, qui signifiaient beaucoup pour la gestionnaire familiale que j'étais. J'en conclus qu'il me fallait une description de tâche plus précise que la longue énumération de chapeaux mentionnée plus haut. Même si ma description d'emploi a évolué avec les années, au fur et à mesure que mes fils vieillissaient, les secteurs sont demeurés les mêmes.

Temps. Faire en sorte que les bonnes personnes se rendent aux bons endroits à l'heure désirée et avec le bon équipement. Demander l'avis des membres de la famille sur les horaires, tenir un calendrier de référence et rappeler aux autres qu'ils sont responsables de leur propre temps.

Nourriture. Satisfaire les besoins alimentaires et nutritionnels de ma famille efficacement, économiquement et de façon imaginative. Déléguer une partie des responsabilités relatives à la cuisine, au nettoyage, aux emplettes et à la planification des repas.

Maison et patrimoine. Fixer avec Bill des objectifs à court et à moyen terme, comme refaire le toit ou rénover la cuisine, et collaborer avec lui à la réalisation de ces objectifs (demande de soumissions, choix des entrepreneurs, négociation d'un prêt...). Veiller à préserver l'ensemble du patrimoine familial.

Finances. Après avoir consulté les membres de la famille, établir et gérer un budget mensuel, annuel et à long terme. En d'autres mots, établir un plan pour payer les comptes et gérer l'ensemble des problèmes financiers de la famille. Chercher à réduire les coûts et à investir.

Projets spéciaux. Planifier la réalisation de tout projet spécial, petit ou grand, qui ne fait pas partie de la routine familiale. Cela inclut les anniversaires, les fêtes, les vacances, les ventes-débarras, les réunions familiales… Planifier, déléguer, réaliser, puis évaluer le résultat à la fin de chaque activité.

Famille et amis. Encourager une vie familiale et des relations intenses, en jouant les rôles d'enseignante, d'infirmière, de conseillère, de médiatrice et de responsable des activités sociales. Cela peut aussi bien vouloir dire prendre soin de grand-maman parce que sa santé décline, que mieux connaître ses voisins. Agir comme un modèle pour d'autres membres de l'équipe, c'est-à-dire les enfants, afin qu'ils développent leurs habiletés en relations humaines.

Vie personnelle. M'occuper de ma propre croissance, de ma santé physique, émotive, intellectuelle et spirituelle. Si je ne me gère pas bien moi-même, je serai incapable de gérer les autres ou les événements.

Dans plusieurs descriptions de tâche, on alloue un pourcentage pour chaque secteur de responsabilités. Pour quelqu'un qui, comme moi, comprend l'importance des chiffres sur un calendrier mais pas dans un carnet de chèques, ce concept n'est pas facile à saisir. Mais nous devons toutes évaluer l'importance relative, en temps et en énergie, de chaque secteur. Si vous êtes une gestionnaire familiale qui a trois petits enfants, comme je l'ai déjà été, vous consacrerez plus de temps aux secteurs Nourriture et Maison et patrimoine. Au fur et à mesure que les enfants grandissent et qu'ils peuvent assumer certaines responsabilités, comme la cuisine, les emplettes ou le lavage, vous pouvez déléguer plus de responsabilités dans ces domaines et vous concentrer sur d'autres problèmes.

Au bout du compte, j'ai découvert ceci : une femme qui a une double carrière remplace ses vingt-sept chapeaux, sa clé anglaise de plombier, son badge de policier, sa brosse à récurer, son batteur, son râteau, sa laisse, son téléavertisseur, son porte-documents et son survêtement par un seul chapeau, celui de gestionnaire familiale ; et, sous ce chapeau, elle gère stratégiquement toutes ses responsabilités domestiques.

Prenez un peu de temps pour penser à votre fonction. Qu'arriverait-il si vous rédigiez aujourd'hui une description de tâche, en utilisant les sept secteurs comme références?

Si vous occupez un autre emploi en plus de celui de gestionnaire familiale, vous avez probablement déjà une description de tâche. Selon le genre d'emploi que vous occupez, il est possible que cette description de tâche ne recoupe pas les sept domaines que gère la gestionnaire familiale. Mais on vous demande sûrement de gérer votre temps et on vous impose des échéances et des horaires. Peut-être vous demande-t-on d'organiser des événements ou des réunions, et d'établir des échéanciers ou des calendriers. Tentez de trouver ce qui, utile dans votre emploi, peut aussi vous servir comme gestionnaire familiale. Pendant que vous progressez dans ce livre et que vous modifiez peut-être votre conception de la fonction de gestionnaire familiale, je vous encourage à ne pas cesser de faire des croisements. Soyez toujours à la recherche d'un truc de métier qui peut être utile dans une autre occupation.

Définition de la mission

En travaillant sur ma description de tâche, je commençai à remarquer des exemples de succès en affaires. Ainsi, de gros fabricants de bidules x pouvaient se lancer dans la production de supports à bidules x, mais aussi se retirer du marché des

---

Tout être humain devrait être capable de changer une couche, de planifier une invasion, de tuer un cochon, de piloter un navire, de dessiner un édifice, d'écrire un sonnet, d'équilibrer un budget, de construire un mur, de replacer un os, de réconforter l'agonisant, de suivre des ordres, de donner des ordres, de coopérer, d'agir seul, de résoudre des équations, d'analyser un nouveau problème, d'étendre du fumier, de programmer un ordinateur, de préparer un mets délicieux, de se battre efficacement, de mourir avec élégance. La spécialisation, c'est pour les insectes.

Robert A. HEINLEIN

Votre description de tâche

Temps
Nourriture
Maison et patrimoine
Finances
Projets spéciaux
Famille et amis
Vie personnelle

bidules y (ou ne jamais s'engager dans cette voie).Tiens, tiens, me disais-je. Ces entreprises ont une mission. Elles savent dans quelle direction elles vont. Elles sont assez flexibles pour changer d'orientation selon les circonstances, mais elles n'entreprennent rien qui ne puisse les mener plus loin sur la route choisie (qu'elles réévaluent toutefois périodiquement). Je décidai donc que si les compagnies les plus efficaces avaient défini leur mission, je devrais faire de même. Après avoir analysé diverses déclarations de mission, je découvris qu'elles avaient certaines choses en commun : elles répondaient à une liste de questions précises. Je fis donc la même chose pour ma famille.

- Pourquoi ma famille existe-t-elle ?
- Que tentons-nous de réaliser ?
- En quoi croyons-nous ? Quels sont les principes que nous partageons en tant que famille ?
- De quelle manière agissons-nous pour atteindre nos objectifs communs ?
- Quel est mon objectif fondamental en tant que gestionnaire familiale ?
- Quel souvenir précis voudrais-je laisser à ma famille ?
- Qu'est-ce qui est vraiment fondamental pour moi ?

Voici ce que j'ai rédigé.

La mission de Kathy Peel

Créer un foyer que ma famille pourra considérer comme un endroit merveilleux où vivre ; un foyer où les membres de la famille connaissent leur importance, où ils savent qu'ils sont aimés en tant qu'individus, où ils se sentent chez eux et où ils peuvent poursuivre leurs intérêts respectifs ; un foyer confortable, c'est-à-dire un endroit à la fois assez relax pour ceux qui peuvent supporter le désordre, et assez ordonné pour ceux qui veulent que chaque chose soit à sa place.

D'accord, d'accord. J'en vois déjà parmi vous qui hochent la tête, sachant fort bien que les experts affirment qu'une bonne définition de mission ne devrait jamais dépasser une seule phrase, qu'elle devrait être facilement compréhensible pour un enfant de douze ans et qu'elle devrait être très facile à retenir. Comme vous vous en rendez compte, je ne mettais pas encore en pratique le principe de la simplicité, autant dans ma vie que dans mon écriture. Je rédigeai donc une version abrégée, en suivant les conseils des experts.

Version révisée de la mission de Kathy Peel
Créer un foyer plein d'amour et de confort, d'ordre et de flexibilité, de stimulation et de relaxation.

En réfléchissant à ma mission, je découvrais aussi ce que je ne voulais pas que soit mon foyer : un lieu de passage servant du *fast-food*, où les membres de la famille entrent précipitamment pour manger une bouchée, prendre des vêtements propres, demander de l'argent, dire quelques mots et repartir aussi vite qu'ils sont entrés.

Je savais que je serais en grande partie responsable du succès ou de l'insuccès de ma mission. C'est pourquoi j'ai cherché un style de gestion qui fasse appel à l'efficacité, à la simplicité, à l'esprit d'entreprise et à l'innovation. Je savais que cette mission méritait d'être remplie. Et même si on ne réalise pas toujours son idéal, je savais aussi qu'on a plus de chances d'atteindre ses buts quand on persiste à les poursuivre.

Prenez un peu de temps dès maintenant et commencez à élaborer votre propre définition de mission. Utilisez les mêmes questions que celles que j'ai citées plus haut.

Vous allez peut-être penser : «Cette Kathy n'a pas assez de travail. Elle commence par me dire qu'elle va m'aider à mettre du sens dans ma vie exténuante. Puis elle me demande de prendre du temps que je n'ai pas pour écrire une description de tâche et une déclaration de mission.» Tout ce que je peux dire, c'est faites-moi confiance. Tous les exercices proposés dans ce livre prennent certes un peu de temps, mais je les ai tous faits, comme, d'ailleurs, un nombre incalculable de femmes. Une description de tâche est utile parce qu'elle clarifie les rôles dans votre double vie. Une déclaration de mission vous aide à maintenir le cap et fournit des paramètres qui permettent de mieux jauger toutes les décisions que vous prenez dans une journée ou une semaine. Par exemple, si la propreté n'apparaît pas comme une priorité dans votre déclaration de mission, pourquoi consacrez-vous vingt heures par semaine au nettoyage dans la maison? Si vous déclarez rechercher une grande intimité dans votre famille, pourquoi ne trouvez-vous pas le moyen de réunir les membres de votre famille, ne serait-ce que pour le souper?

Je ne prétends pas que le seul fait d'avoir une description de tâche et une mission va rendre votre vie plus satisfaisante et assurer une meilleure symbiose entre votre carrière et votre vie familiale. Mais vous aurez un outil de référence, un peu comme une carte géographique, lorsque les exigences de vos deux emplois vont s'affronter. Peut-être est-il plus important pour vous de consacrer plus de temps à votre carrière et de déléguer plus de responsabilités à votre conjoint ou encore d'engager quelqu'un pour vous aider. Tout cela est très bien dans la mesure où vous savez exactement quelles sont vos priorités dans vos deux emplois.

L'apport d'une équipe

Un autre problème de gestion est celui de la constitution de l'équipe. Qui exactement va-t-on diriger? On a écrit des centaines de livres sur la gestion, sur des styles différents et sur les moyens à prendre pour les mettre en application, dont, entre autres, comment motiver et récompenser les personnes. Si vous êtes mariée, parlez avec votre mari de votre description de tâche et de votre déclaration de mission. Négociez des standards qui vous conviendront à tous les deux, cherchez des façons de mieux collaborer et donnez-vous des objectifs pour «déléguer» des responsabilités aux enfants.

Cela ne se fera pas dans une seule rencontre. Si vous faites partie de celles qui font tout elles-mêmes ou qui sont certaines que rien de bien ne se réalisera sans elles, vous allez devoir ajuster vos attentes. Si votre cadre de vie a toujours été traditionnel et que vous êtes responsable de presque tout dans la maison, modifier ce système exigera sans doute un peu de

---

Savez-vous où vous allez?

Souvenez-vous d'Alice au pays des merveilles, quand elle arrive à une fourche sur la route et qu'elle demande au chat quelle direction elle devrait prendre. Celui-ci lui demande où elle veut aller et Alice répond que cela lui importe peu. Le chat dit alors, avec sagesse : «Dans ce cas, n'importe quel chemin t'y mènera.»

---

persuasion et de négociation. Mais ne démissionnez pas. Demandez-vous ce que vous enseignez vraiment à vos enfants en faisant tout vous-même. Réfléchissez à ce que vous souhaitez qu'ils apprennent pour qu'ils puissent, plus tard, s'occuper d'eux-mêmes, de leur corps, de leur esprit, de leur âme. Je considère cet aspect des choses comme si important que je lui ai consacré tout le chapitre 5, «Une équipe qui fonctionne pour le bien de tous».

Depuis que je l'ai adoptée, cette façon de définir des rôles et des secteurs m'a toujours été très utile. L'expérience du temps n'a pas modifié la liste des sept secteurs que j'avais établie. Je l'utilise toujours. Néanmoins, même la meilleure organisation nécessite qu'on la raffine et qu'on la restructure occasionnellement de fond en comble.

Dans les dernières années, ma vie a changé. Deux de mes fils ont quitté la maison pour aller au collège. Mon emploi et celui de mon mari ont changé. Bien peu d'entre nous qui avons eu un emploi accepterions un nouveau travail sans étudier d'abord la description de tâche. Au fur et à mesure que nous progressons dans notre vie professionnelle, acceptant de nouvelles responsabilités, recevant des promotions ou changeant d'emploi, nous nous attendons à pouvoir négocier ou renégocier notre description de tâche. Nous faisons la même chose à la maison en fonction des changements qui y surviennent. Par exemple, si une comptable accepte de s'occuper de la planification financière de l'entreprise, elle peut déterminer qui sera responsable de la tenue quotidienne des livres. Peut-être obtiendra-t-elle qu'on engage un assistant ou une assistante qui assumera une bonne partie de ses anciennes fonctions, pendant qu'elle se consacrera à des responsabilités plus importantes. Bien sûr, cette comptable ne pourra justifier l'emploi d'une autre personne que lorsqu'elle sera certaine des nouvelles exigences que lui imposent ses nouvelles responsabilités, qu'elle pourra préciser combien de temps il lui faut pour s'en acquitter, et qu'elle pourra déterminer si ses nouvelles fonctions et l'arrivée d'un assistant ou d'une assistante correspondent bien aux objectifs de l'entreprise.

En tant que gestionnaires familiales, nous ne recrutons personne pour devenir membre de la famille, encore que, comme les entreprises, nous pouvons faire appel à des sous-traitants — qu'on appelle, selon le cas, gardiennes, menuisiers, aides-ménagères, plombiers… Mais, d'une certaine manière, nous pouvons compter sur des «assistants en formation». En vieillissant, mes enfants n'ont cessé de me surprendre; ils ont appris à faire tant de choses aussi bien sinon mieux que moi. De plus, quand je leur présentais un travail un peu comme on le fait à un nouvel employé, c'est-à-dire notamment en leur expliquant ce qu'ils pourraient en retirer, ils acceptaient volontiers. Par exemple : «Si nous nettoyons ensemble le garage samedi matin, nous pourrons tous aller au lac samedi après-midi.»

À la fin de l'été dernier, je me suis rendu compte que le grenier était devenu un véritable risque pour le feu. Des dizaines de choses s'y empilaient, y compris toutes les boîtes ayant contenu un des appareils électriques qu'on s'était procurés au fil des ans. Si je n'engageais pas Joel pour mettre de l'ordre dans tout cela avant qu'il ne quitte pour le collège, je devais dire adieu à mes projets de décoration pour l'automne. Pour lui, c'était une façon d'avoir un peu plus d'argent de poche. Mais il y eut d'autres bénéfices. Pour ma part, j'obtins un grenier en ordre et Joel retrouva plusieurs objets que je croyais perdus. Quant à mon fils, il découvrit quelques «trésors» qu'il conserva pour son premier appartement.

La simplicité est un numéro d'équilibriste

Même munie d'une description de tâche, d'une mission et d'aide à la maison — ingrédients essentiels pour que le foyer d'une femme qui a une double carrière fonctionne bien —, vous aurez toujours besoin de simplifier. Récemment, j'ai dû faire face à un nombre croissant d'échéances et consacrer plus de temps à mes affaires. Peut-être à cause de mon âge et du stade où je suis rendue dans la vie, j'ai aussi voulu simplifier ma vie pour me concentrer sur l'essentiel.

Simplicité et concentration ne sont pas des choses qui me viennent facilement. J'ai souvent l'impression que je m'enfonce dans une mer de travail ininterrompu et d'inquiétudes sans cesse renouvelées. Je me retrouve souvent à souhaiter revenir à cette époque qu'on appelle le bon vieux temps, alors que la vie était beaucoup plus simple. Beaucoup plus simple? Dans ces moments-là, je me secoue. Si je pouvais voyager dans le temps, voudrais-je vraiment vivre à l'époque où les femmes allumaient des feux de bois les matins d'hiver pour que la famille puisse se lever au chaud? Ou même dans les années 1950 alors que les rôles des femmes et des hommes étaient beaucoup plus rigides et que nous avions beaucoup moins de choix quant à notre travail ou à notre domicile?

Qu'est-ce que vivre plus simplement? Peut-être que dans les magazines cela signifie remplacer ses vieux meubles par une paire de chaises modernes inconfortables et une lampe sur pied du dernier cri, et réduire sa garde-robe à trois robes noires. Ce n'est pas ce que je recherche. Je rêve plutôt d'une meilleure qualité de vie, comme vous, certainement.

Ah! ce fameux «bon vieux temps»! Pas de bouchons de circulation, de virus informatiques, de filées interminables au supermarché. Un monde dépourvu du labyrinthe des boîtes vocales, des climatiseurs en panne et de boîtes aux lettres débordant de sollicitations pour des œuvres charitables ou de catalogues annonçant trois mille choses dont je n'ai aucun besoin. Bien sûr, on pourrait rendre la vie quotidienne plus paisible en faisant disparaître les frustrations du monde moderne. Mais alors je serais privée du superbe marché dans lequel je peux trouver, à l'heure qui me convient, tout ce que je veux, de la mangue fraîche au mascara; je serais aussi privée des nouvelles continues à la télé, d'Internet, des guichets automatiques et de mon micro-ondes. De plus, quand je suis pressée par le temps, j'aime pouvoir faire livrer à la maison presque tout, que ce soit les vêtements laissés chez le nettoyeur, le lait, l'épicerie ou des plats cuisinés d'une variété infinie. Ma vie, avec raison, peut paraître, comme la vôtre, extrêmement compliquée, et je me retrouverai encore, regardant par la fenêtre, cherchant les moyens de tout simplifier. J'imagine qu'Ève fit la même chose, tout comme Jeanne d'Arc et Martha Washington, et comme le feront aussi les femmes du xxiie siècle. Le besoin de simplifier est profondément humain.

Pour moi, se simplifier la vie, ce n'est ni décrocher, ni s'inspirer du passé. Ce n'est pas nécessairement non plus éliminer des choses. Simplifier, c'est apprendre comment choisir avec confiance ce qui est important et éliminer le superflu. Ce n'est pas travailler avec plus d'énergie, mais travailler plus intelligemment. Simplifier ne signifie pas que vous devez quitter votre emploi, échanger votre cellulaire pour une planche à laver ou encore jeter vos vêtements de soie pour les remplacer par des robes de coton non blanchi. La simplicité, c'est une attitude, une façon de voir les chances qui s'offrent plutôt que les obstacles dans ce monde engorgé par les choix multiples et, souvent, les conflits.

Parfois, simplifier consiste seulement à réaliser une idée simple.

En fait, peu de femmes ont des vies simples. Nous sommes épouses, mères, gestionnaires familiales et professionnelles. Comme nous sommes surchargées de travail et dépassées, nous assistons à des ateliers pour apprendre à gérer notre temps, nous lisons des livres sur l'efficacité et nous écoutons des cassettes sur la motivation. Le résultat ? Un sentiment instantané que l'on peut tout faire, une sorte de fièvre qui dure au plus deux jours. Et puis nous plions l'échine de nouveau. Peut-être ne trouvons-nous pas l'endroit que nous cherchons parce que nous ne comprenons pas que ce n'est pas une destination, mais une direction.

Comme je voyage beaucoup, je veux le faire simplement, c'est-à-dire avec le moins de bagages possible (ai-je vraiment besoin de cette paire de souliers bleus ?). Imaginez la scène. Mon vol est retardé. Si je cours, je pourrai prendre la correspondance. Mais, chargée d'un porte-documents, d'un grand sac à main, d'une housse de vêtements, de mon ordinateur portable et d'une valise, c'est un exercice difficile. Je me suis rendu compte que courir d'un terminal à l'autre en tentant de maîtriser cinq gros objets me ralentissait. Si ce déséquilibre me complique la vie dans un aéroport, me suis-je dit, dans quel autre domaine de ma vie suis-je aussi en déséquilibre? Voilà comment j'ai constaté que la solution résidait dans la simplicité. Simplifier sa vie, ce n'est pas échanger les technologies les plus avancées pour certaines idées romantiques du passé, mais c'est plutôt identifier ses buts, ses rêves et sa mission, à la fois dans son travail et dans sa vie, et trouver un juste équilibre qui permet d'atteindre ses objectifs.

Pour les femmes qui tentent de concilier positivement leurs deux emplois, il ne saurait être question de perfection. Le bonheur ce n'est pas une liste de choses à faire qu'on a complétée. Le bonheur, c'est le résultat de bonnes décisions prises et d'énergie dépensée en fonction d'un objectif commun, tout cela supervisé par une gestionnaire familiale qui se connaît bien, qui peut se pardonner et qui est déterminée à continuer d'essayer.

Pour conserver votre équilibre

- Une carrière + une maison = deux emplois à plein temps.
- Faites des croisements : soyez toujours à la recherche de trucs utiles dans un domaine qui peuvent être utiles dans un autre.
- Réfléchissez à votre mission et connaissez-la bien.
- Renégociez votre description de tâche selon les besoins.
- Formez des assistants.
- Quand c'est possible, simplifiez.
- Soyez disposée à recommencer.

2

La recherche de l'équilibre

La folie, c'est recommencer indéfiniment la même chose de la même façon en espérant des résultats différents.

Rita Mae BROWN

J'adore les aphorismes. Ils sont drôles. Ils inspirent. Ils font paraître les choses faciles. C'est peut-être fou, en effet, de toujours faire la même chose et d'attendre des résultats différents. Mais d'autre part, il faut bien que quelqu'un nettoie la salle de bains. Une bonne partie de la gestion familiale, et en fait de toute gestion, consiste à recommencer souvent la même chose. Essayez de ne pas nourrir votre famille durant une semaine ou, au travail, de ne pas remettre votre rapport d'inventaire mensuel à votre patron. Vous obtiendrez sûrement des résultats différents, mais certainement pas ceux que vous souhaitez.

Il existe cependant beaucoup de choses qu'on peut faire différemment pour obtenir les résultats visés. Par exemple, vous souhaitez que votre enfant prenne soin de ses vêtements. Si vous lavez ses vêtements depuis dix ans et que vous continuez à le faire, il n'apprendra jamais à faire fonctionner la laveuse. Si vous êtes responsable du service des ventes et que vous désirez devenir directrice du marketing, vous n'obtiendrez certainement pas votre promotion en vous contentant d'atteindre vos objectifs de vente mensuels. Mais si vous décrochez un MBA, si vous travaillez avec vos collègues et proposez quelques mesures innovatrices, vous serez peut-être promue. Autrement dit, si vous voulez changer les choses, il faut modifier votre façon de faire.

Un vieil adage dit : «Si nous avions des œufs, nous pourrions manger des œufs au jambon, si nous avions du jambon.» Vous devez savoir deux choses si vous désirez modifier votre vie familiale, peu importe l'importance du changement. Vous devez savoir ce que vous voulez changer et aussi ce qui va le remplacer.

Ceux qui ne connaissent pas l'histoire sont peut-être condamnés à la répéter, mais quand vous désirez vivre une vie épanouie, l'histoire, c'est-à-dire le passé, n'est pas pertinente. Ainsi, j'aime beaucoup me souvenir des débuts de mon mariage avec Bill alors que nous vivions avec un petit budget d'étudiants. À cette époque, nous pouvions décider spontanément d'aller à un spectacle à minuit, mais nous avions rarement les moyens de nous le payer. J'entretenais plein d'espoirs et je n'étais pas très consciente de certaines réalités. Il y avait de bons et de mauvais moments. Et aujourd'hui, quand je pense à ma vie, je pense à cette époque avec émotion. Mais essentiellement, je sais que je ne voudrais plus être celle que j'étais à ce moment, ni vivre la vie que je vivais. Pensez-y : le fax n'avait pas encore été inventé! Comme je le disais plus haut, quand vous voulez avancer, l'histoire n'est pas très importante.

Ce qui importe, c'est de déterminer comment sont les choses maintenant et comment on souhaite qu'elles soient. C'est l'objectif de ce chapitre : évaluer le présent et visualiser l'avenir. Pour prendre le chemin qui mène à une vie bien remplie, il faut voir clairement la réalité présente et pouvoir imaginer comment elle pourrait être.

Une façon de rester immobile, c'est de toujours faire les mêmes choses de la même façon.

Souvent la réalité est plus étrange que la fiction. Voici une histoire que j'ai entendue lors d'un de mes séminaires. Une femme qui travaillait pour une entreprise de verrerie avait un emploi extrêmement exigeant, tout comme son mari qui était vendeur pour une compagnie de chemises pour hommes. Après leur mariage, ils se sont acheté une petite maison. Parce qu'ils

Les douze meilleures raisons pour rester immobile
- Ça ne marchera pas pour moi.
- Je suis faite comme ça.
- Ça fait des années que l'on fait ainsi.
- Ça ne fonctionnera pas dans notre famille.
- Il faut attendre les résultats trop longtemps.
- Cela dépasse mes capacités.
- Je n'ai aucun contrôle.
- Je n'ai pas le choix.
- Mon mari n'acceptera jamais.
- Je ne peux pas changer.
- Je n'ai pas le temps.
- Peut-être plus tard.

étaient débordés, au lieu de laver la vaisselle, chaque fois qu'ils voulaient boire ils ouvraient une boîte d'échantillons de verres. Au lieu de laver les vêtements, le mari prenait un autre échantillon de chemise. Après un certain temps, toutes les surfaces planes de la maison étaient recouvertes de verres et chaque chaise, d'une chemise sale. Voilà un beau désordre! La femme qui m'a raconté cette histoire était très embarrassée de s'être laissée ainsi dépasser par les événements. Elle avait toujours rêvé d'avoir une maison proprette et décorée avec goût. Mais elle et son mari n'avaient jamais pris le temps de s'organiser, de discuter entre eux de ce qu'ils souhaitaient comme environnement et encore moins de décider qui laverait la vaisselle et qui s'occuperait de la lessive. Elle était devenue tellement occupée qu'elle choisissait toujours la solution la plus facile. Le résultat : un triomphe du désordre. La plupart d'entre nous pouvons nous imaginer dans les mêmes souliers.

Qui êtes-vous et comment est votre vie? En écrivant, je vous imagine en train de lire ce livre dans l'autobus en allant au travail ou sur le tapis de marche au gymnase, assise dans votre lit ou encore dans votre cuisine reluisante et joyeuse en fin d'après-midi, dégustant une tasse de thé pendant que mijote le souper. Peut-être êtes-vous relativement satisfaite de votre emploi et de votre vie familiale. Peut-être avez-vous acheté ce livre surtout par curiosité, avec l'intention d'améliorer quelques petites choses ici et là. Peut-être prendrez-vous des notes à propos de ce qui vous convient dans les divers secteurs de la gestion familiale, du moins je le souhaite.

Par contre, vous vous sentez peut-être comme une pelote de laine toute mêlée, incapable de trouver un brin pour pouvoir commencer à la démêler. Plusieurs femmes utilisent souvent cette image. Une femme que je connais dit que plusieurs brins dépassent de sa pelote de laine : ses enfants sont à l'école secondaire ; elle est de retour à l'université et songe à changer d'emploi ; son mari est mécontent de son emploi ; ils se demandent s'ils ne déménageront pas à la campagne et s'ils ne mettront pas sur pied une nouvelle entreprise. Mais le moment ne lui semble pas approprié. Et elle semble incapable de prendre des décisions et d'avancer parce qu'elle ne sait pas par quel brin de laine commencer.

Peut-être que votre maison devrait être incluse dans la campagne annuelle de nettoyage de votre municipalité. Peut-être songez-vous à fonder le club des «sous-douées des tâches ménagères». Peut-être êtes-vous encore en train d'apprendre à épeler le mot «organisation». Peut-être n'avez-vous pas vu votre planche à repasser depuis plus de dix ans (ce qui, en fait, n'est pas bien grave parce que repasser n'est pas aussi exaltant qu'on tente de le faire croire).

D'autre part, votre carrière progresse peut-être à pas de géant et vous serez prête pour le photographe du magazine *Perfection* dès que vous aurez terminé l'entrevue pour la chronique «Des femmes extraordinaires qui peuvent tout faire». Vous expliquez votre succès par le fait que vous découpez chaque journée, y compris le samedi et le dimanche, en segments de quinze minutes. Vous venez juste de mettre la dernière main à un gros projet et, après que le photographe et le journaliste seront partis, vous allez redécorer l'entrée principale et ranger le sous-sol.

Le photographe arrive. Votre maison est immaculée, claire et brillante. Le soleil se reflète sur votre table Chippendale. Les jonquilles dans la boîte à fleurs installée à la fenêtre de la cuisine sont totalement épanouies. Le photographe est très impressionné par votre ingénieuse étagère à épices pivotante, où tout, de l'aneth jusqu'au thym, est classé dans l'ordre alphabétique avec des étiquettes que vous avez vous-même confectionnées. Vous pensez que ce serait exagéré de lui montrer votre tiroir de lingerie avec tous les dessous soigneusement pliés et classés selon un code de couleur indiquant le jour où vous les porterez. Mais vous lui montrerez votre penderie, aussi rangée selon les couleurs, avec, sur chaque cintre, une étiquette sur laquelle vous inscrivez à quelles occasions vous avez porté l'ensemble (il serait malvenu, n'est-ce pas, de porter les mêmes vêtements trop souvent chez les mêmes personnes).

Mais qui sont ces étrangers assis dans le salon? Ils ont pourtant un air familier. Ah! oui, il s'agit de votre mari et de vos enfants. Seigneur! la plus jeune semble avoir beaucoup grandi depuis la dernière fois que vous l'avez vue. La voilà qui feuillette son agenda et veut prendre rendez-vous avec vous pour un lunch. Vous vous entendez pour mardi, dans un mois.

Oui, il est possible d'exagérer. Mais il est aussi possible d'être trop parfaite, tellement bien organisée et programmée qu'on en arrive à oublier avoir déjà entendu le mot «spontané».

La recherche de l'équilibre : évaluer le présent et visualiser l'avenir

Étape 1 : découvrir le besoin d'équilibre (de la façon la plus difficile)

Maintenant que j'ai pris un peu d'âge et que j'élève mon troisième enfant, je comprends mieux que la vie c'est, essentiellement, évaluer, s'ajuster, risquer et apprendre à créer un sain équilibre. C'est pourquoi, quand mon dernier, James, a voulu de se mettre au patin à roues alignées, j'ai décidé de m'y mettre aussi. J'ai toujours adoré prendre des risques. J'ai passé plusieurs étés dans ma jeunesse à faire du patin à roulettes à des vitesses qui n'avaient pas été prévues par le manufacturier. Alors, pourquoi pas trente ans plus tard? Ce nouvel apprentissage ne devrait pas poser problème, me suis-je dit, toute confiante.

J'étais dans l'erreur. Vous savez fort bien combien différents sont ces nouveaux patins relativement aux anciens patins à quatre roues. Ils sont plus étroits, plus rapides. Au lieu d'avoir deux freins en avant, ils n'en ont qu'un situé au talon du patin droit. C'est pour le moins difficile de demeurer en équilibre sur de telles chaussures, surtout quand on tente de ralentir.

Lors de notre première sortie, James avait l'air d'un pro après quelques minutes seulement. Quant à moi, j'appris à mes dépens que j'aurais dû d'abord m'exercer à freiner. Croyez-moi, c'est beaucoup plus douloureux pour une femme de quarante-six ans de s'écraser dans la rue que pour une fillette de dix ans qui tombe sur le plancher en bois franc d'une patinoire intérieure. Tout d'un coup, au lieu de me passionner pour ce nouveau défi et de profiter de la compagnie de James, je me suis mise à penser à tous les problèmes qui s'ensuivraient si jamais je me fracturais un membre.

Que devais-je faire ? Abandonner parce que c'était trop risqué et trop ardu ? C'est peut-être ce que j'aurais fait si je n'avais pas vraiment eu envie de patiner avec mon fils. L'autre solution était d'aborder le problème du freinage lentement, d'apprendre à contrôler ma vitesse et à m'arrêter à des endroits qui facilitaient le freinage. Autrement dit, progresser petit à petit.

La vie ressemble beaucoup à ce petit dilemme sportif. Maintenant que nous sommes devenus adultes, on nous sort de la patinoire et on nous lance dans la rue. Une rue encombrée. Le rythme est plus rapide, et l'équipement, plus sophistiqué. Nous abordons les courbes à une vitesse folle avec souvent l'impression de ne rien contrôler et de ne pas savoir comment arrêter. Il semble que nous ne parvenions pas à garder notre équilibre. Nous tombons, nous nous écrasons, nous nous écorchons les genoux et le cœur. Mais la solution dans la vie n'est-elle pas la même ?

Peut-être est-il temps que nous apprenions à ralentir dans la vie : à rechercher les paliers qui favorisent un rythme plus calme ; à apprendre des techniques simples qui nous permettent d'avancer avec plaisir en compagnie de ceux qu'on aime ; à sentir d'où vient le vent et à utiliser la gravité et notre élan à notre avantage. Bien sûr, il y aura des bosses et quelques chutes, mais nous sommes prêtes à nous relever et à avancer. Le patin à roues alignées et la vie, spécialement pour une femme qui poursuit une double carrière, requièrent énormément d'énergie, d'endurance et d'équilibre, mais les deux peuvent se transformer en voyage passionnant.

Étape 2 : déterminer ce qu'est l'équilibre

Trouver notre équilibre ne nous empêchera pas toujours de tomber. Mais vivre de façon équilibrée peut nous aider à diminuer les fractures et les humiliations. On atteint l'équilibre quand on comprend que consacrer du temps à son développement personnel — à l'exercice physique, à l'apprentissage, à nos amis — est aussi important que d'organiser une réunion du personnel au bureau ou de faire les courses pour le repas. C'est aussi comprendre qu'il est aussi important d'être spontanée et flexible à propos des sorties familiales que d'avoir une routine matinale structurée qui réduit le stress. C'est trouver un juste milieu à propos de la propreté dans la maison de telle sorte que le méticuleux Paul puisse cohabiter harmonieusement avec Pauline la désordonnée.

Être équilibrée signifie aussi ne pas seulement dépenser son temps, mais l'investir en fonction d'un objectif poursuivi. Enfin, cela signifie contrôler le chaos.

Vous aviez probablement déjà bien compris cela, mais vous ne pouvez tout laisser en plan pour évaluer votre situation présente et imaginer l'avenir que vous souhaitez. La vie continue pendant que vous évaluez votre présent, et même, que vous le fassiez ou pas.

Étape 3 : évaluer le présent

Maintenant, prenez le temps d'évaluer le fonctionnement de chacun des secteurs de votre propre gestion familiale. Pas besoin pour cela d'une maîtrise en psychologie ou en relations humaines. Écrivez une ou deux phrases, les premières qui vous traversent l'esprit, qui résument bien comment les choses se déroulent autour de vous. Soyez rigoureusement honnête, autant à propos du pire qu'à propos du meilleur.

Je connais une femme qui avait décidé d'organiser sa vie autour des sept secteurs énumérés au chapitre précédent. Pour commencer, elle s'acheta un luxueux classeur à anneaux, qu'elle divisa en sept sections facilement identifiables. Elle rédigea une table des matières pour s'y retrouver facilement. Puis elle nota toutes les choses, même les plus petites, auxquelles elle croyait consacrer trop ou pas assez de temps, ou encore toutes les choses qu'elle voulait changer. C'est à peu près tout ce qu'elle réussit à faire, parce que la démarche l'avait complètement déprimée. Elle m'a confié encore tout récemment qu'elle se sentait désespérément coupable chaque fois qu'elle voyait son classeur qui s'empoussiérait sur une tablette de la bibliothèque.

Je ne pense pas que vos évaluations de quelques lignes vont révéler un désastre total. Mais si vous découvrez que vous vous concentrez exclusivement sur ce qui ne marche pas bien, je vous conseille de vous livrer à cet exercice en deux temps, la première fois pour déterminer ce qui vous déplaît, et la seconde pour constater ce qui fonctionne à votre goût. Voici un exemple, pour vous aider à commencer.

Évaluation du présent selon les sept secteurs
(Tableau comparatif)

Négatif	Positif
Temps. Je hais les matins chez nous. Tout le monde est pressé et grincheux et nous quittons la maison sur une note négative.	**Temps**. Je suis toujours à temps pour le covoiturage des enfants. Même si je suis parfois arrivée en retard, je n'ai jamais raté une réunion avec un professeur. Je parviens facilement à organiser les rendez-vous avec le dentiste et le pédiatre.
Nourriture. Toute la famille se plaint constamment de la nourriture que je leur sers. Mais le matin, quand je leur demande ce qu'ils aimerait manger, personne ne fait de suggestion.	**Nourriture**. Mon mari fait des crêpes tous les samedis matin. C'est devenu un rituel familial que les enfants et moi attendons avec impatience (sans compter
Maison et patrimoine. Nous avons trop de choses. Je ne	

pourrai jamais tout épousseter à moins d'ouvrir les fenêtres et d'espérer un ouragan qui balaie toute la place.

Finances. Je ne sais jamais quand nous allons manquer d'argent, nous obligeant à utiliser nos économies. Je vis dans la crainte permanente d'une urgence qui nous mettrait à découvert.

Projets spéciaux. Les vacances et les anniversaires me rendent quasiment folle. Avec tout ce que j'ai à faire, je n'arrive jamais, comme ma mère le faisait, à transformer ces occasions en succès.

Famille et amis. Je me sens affreusement coupable parce que ma belle-mère pense que je l'ignore; mon mari en a ras le bol parce que, tous les soirs, je tombe de fatigue dès 21 heures; les enfants se plaignent constamment que, contrairement aux mères de leurs amis, je ne me propose jamais pour rendre des services.

Vie personnelle. J'ai toujours pensé que je ferais quelque chose de remarquable dans la vie, comme trouver un remède contre le cancer, mais je n'ai jamais pu décider ce que je voulais faire. Aujourd'hui, j'ai l'impression que ma vie m'échappe.

les amis invités à passer la nuit à la maison). Les enfants font leur lunch.

Maison et patrimoine. Le toit ne coule pas. La voiture roule bien et je ne manque jamais de faire le changement d'huile. Les enfants ont fait du progrès dans le nettoyage de leur chambre.

Finances. Dès qu'elles arrivent, je classe les factures à payer dans une chemise. Une fois par semaine, j'ouvre la chemise et règle les comptes. Ainsi, le reste du temps, je n'ai pas à m'inquiéter.

Projets spéciaux. J'ai organisé une réunion de famille pour soixante-quinze personnes à l'aide d'un organigramme de planification qu'une amie utilise quand elle met sur pied des événements publicitaires. Tout s'est déroulé à la perfection.

Famille et amis. Une voisine organise chaque mois un souper communautaire auquel tous les convives contribuent un plat. C'est devenu un rendez-vous obligatoire dans notre agenda familial. Je planifie une sortie par mois avec mon mari.

Vie personnelle. Quatre fois par semaine, je me rends au gymnase situé dans l'édifice où je travaille. C'est long lire un livre, mais je lis pour le plaisir.

Dans ma propre recherche pour atteindre un bel équilibre, j'ai toujours inclus la spiritualité. Et à mon grand plaisir, j'ai découvert dans la Bible une définition inspirante d'une gestionnaire familiale. Cette femme apparaît dans le Livre des Proverbes. C'était une femme travaillante et aux multiples talents, non seulement à la maison, mais aussi dans sa carrière et dans sa communauté. À une époque où on considérait les femmes comme de simples propriétés, elle possédait plusieurs entreprises, notamment dans l'immobilier et le textile, tout en gérant le domaine familial. De toute évidence elle utilisait bien son temps. Pour réussir tout cela, elle devait certainement être très concentrée sur sa vision de l'avenir. Tout occupée qu'elle était, elle ne négligeait ni son époux ni ses enfants.

Une femme de caractère, qui la trouvera ?
   Elle a bien plus de prix que le corail.

Son mari a pleine confiance en elle,
   les profits ne lui manqueront pas.

Elle travaille pour son bien et non pour
   son malheur tous les jours de sa vie.

Elle cherche avec soin de la laine et du lin
   et ses mains travaillent allègrement.

Elle est comme les navires marchands,
   elle fait venir de loin sa subsistance.

Elle se lève quand il fait encore nuit pour préparer
   la nourriture de sa maisonnée et donner des ordres
   à ses servantes.

Elle jette son dévolu sur un champ et l'achète,
   avec le fruit de son travail elle plante une vigne.

Elle ceint de force ses reins et affermit ses bras.

Elle considère que ses affaires vont bien
   et sa lampe ne s'éteint pas de la nuit.

Elle met la main à la quenouille et ses doigts
   s'activent au fuseau.

Elle ouvre sa main au misérable et la tend au pauvre.

*Elle ne craint pas la neige pour sa maisonnée,
car tous ont double vêtement.*

*Elle se fait des couvertures, ses vêtements sont de lin
raffiné et de pourpre.*

*Aux réunions de notables son mari est considéré,
quand il siège parmi les anciens du lieu.*

*Elle fabrique de l'étoffe pour la vendre et des ceintures
qu'elle cède au marchand.*

Force et honneur la revêtent, elle pense à l'avenir en riant.

*Elle ouvre la bouche avec sagesse
et sa langue fait gentiment la leçon.*

*Elle surveille la marche de sa maison
et ne mange pas paresseusement son pain.*

*Ses fils, hautement, la proclament bienheureuse
et son mari fait son éloge :
« Bien des filles ont fait preuve de caractère ;
mais toi, tu les surpasses toutes ! »*

*La grâce trompe, la beauté ne dure pas.
La femme qui craint le Seigneur,
voilà celle que l'on doit louer.*

*À elle le fruit de son travail
et que ses œuvres publient sa louange[1].*

À l'occasion de notre vingt-deuxième anniversaire de mariage, Bill m'a offert, encadrée, sa propre version de cette histoire de la Bible. Quand je me sens décontenancée et frustrée par le fait que je ne réussis pas à tout faire, je lis la version de Bill. Je la conserve précieusement sur un mur dans ma salle à manger. En voici un extrait.

---

1. Livre des Proverbes, 31 : 10-31, Traduction œcuménique de la Bible.

Kathy...

*Elle est comme un grand magasin où les membres de la
famille trouvent tout ce dont ils ont besoin.*

Elle se lève quand il fait encore nuit.

*Elle fait ses courses avant l'aube et prépare la nourriture
pour sa maisonnée.*

*Elle développe une idée puis la vend à l'éditeur;
elle réinvestit ses profits pour faire grandir l'entreprise.*

*Elle se met au travail avec détermination, passant plusieurs
heures à écrire et à discourir.*

*Elle considère que ses affaires vont bien et sa lampe ne
s'éteint pas de la nuit.*

*Elle met la main à la «souris» et ses doigts s'activent
sur les touches du clavier. [...]*

*Elle surveille la marche de sa maison et ne perd pas
son temps à regarder les téléromans.*

Ses fils proclament hautement : «Maman, t'es super!»

Son mari aussi lui dit comment elle est magnifique. [...]

Chaque fois que je lis ce texte, je me mets à contempler ma
chance et mes réussites, plutôt que mes frustrations et mes défaites. Plutôt que de nous laisser impressionner par la femme
du Livre des Proverbes, il est temps de nous considérer comme
si nous étions elle. Nous partageons les mêmes responsabilités
et, sans aucun doute, nous assumons très bien certaines d'entre
elles. Dans les domaines où nous connaissons plus de faiblesses,
elle peut nous servir de modèle et d'inspiration.

Étape 4 : visualiser l'avenir

J'aimerais vous dire que j'ai trouvé une recette sans faille
qui me permet de visualiser puis de réaliser tout ce que je
souhaite pour ma famille et moi. Mais, ô malheur, l'autre jour
je courais après mon chien dans la maison et il a frappé une
étagère et fait tomber ma boule de cristal qui s'est brisée en
mille miettes. Il a fallu que je balaie du verre durant des heures.

Soyons sérieuses. Nous savons qu'il n'existe aucune formule magique qui nous assure de pouvoir visualiser notre avenir et de réaliser nos rêves. Mais si nous sommes incapables d'articuler ce que nous désirons, les changements vont tout simplement s'imposer à nous. Bien sûr, il survient des changements dans notre vie sur lesquels nous n'avons aucun contrôle. Nous avons toutes des contraintes intangibles et toutes nous ferons face à des difficultés ou à des chances imprévisibles. Mais si nous avons bien articulé ce que nous attendons dans la vie, il devient plus facile de faire face aux difficultés et de profiter des chances qui se présentent.

Bien sûr l'idéal serait d'écrire des romans à succès et de vivre notre vie dans une histoire que nous aurions nous-mêmes écrite. Je connais une démarche plus réaliste que j'appelle Recherche des concordances. Cela se fait en deux étapes. Premièrement, pour chacun des sept secteurs, vous énumérez vos désirs. Ne pensez pas aux obstacles et n'inventez pas d'excuses pour vous dire que les choses ne peuvent changer. Laissez aller votre imagination. Voici un exemple.

Liste de rêves selon les sept secteurs

Temps. Souper en famille cinq fois par semaine et prendre le temps de parler de notre journée.

Nourriture. Ne plus jamais manquer de lait à sept heures du matin. Apprendre à cuisiner des plats gastronomiques contenant peu de gras.

Maison et patrimoine. Renégocier l'hypothèque de la maison pour pouvoir redécorer le salon et rénover la cuisine et les salles de bains.

Finances. Épargner pour payer les études universitaires des enfants.

Projets spéciaux. Prendre des vacances en famille qui plairont à chacun.

Famille et amis. Prendre plus de temps pour voir de vieux amis.

Vie personnelle. Obtenir un diplôme et changer de carrière.

Je vous invite à commencer votre liste dès maintenant. Réservez-vous une bonne demi-heure pour cet exercice, mais sachez que vous pourrez toujours y revenir. En fait, vous voudrez probablement y revenir régulièrement. Pensez à votre évaluation du présent et à ce que vous souhaitez pour votre famille. Préparez-vous à quelques erreurs de départ, parce que vous n'êtes peut-être pas habituée à visualiser vos souhaits, pour vous et votre famille. Tout le processus pourra prendre quelques jours et même quelques semaines. Mais conservez votre carnet de notes près de vous. Dès que vous vient à l'esprit une idée qui correspond à la famille idéale, dès que vous voyez une femme qui se débrouille bien dans sa double carrière, dès que vous rencontrez quelqu'un qui semble très occupé mais qui réussit à jouir de la vie, prenez des notes. Faites-le surtout si vous avez de la difficulté à spécifier vos ambitions et vos rêves pour différents aspects de votre vie.

Voici quelques questions que vous devriez vous poser. Elles ne sont pas toutes spécifiques à un secteur particulier, mais elles pourront vous aider à articuler des rêves précis.

- À quoi ressemblerait notre vie familiale si tout était bien en place et équilibré ?
- Quels souvenirs de notre foyer aimerais-je que conservent mes enfants ?
- Comment voudrais-je que ma famille et mes amis me décrivent après ma mort ?
- Mes rêves sont-ils liés au bien de ma famille ou à la satisfaction de mon ego ?
- Comment puis-je utiliser mes talents et mes habiletés pour améliorer notre qualité de vie ?
- Ma famille approuve-t-elle mes objectifs ?
- Si ma famille fonctionnait au meilleur de ses capacités, à quoi ressemblerait-elle ? Et la maison ? Les repas ? Nos loisirs ?
- Ai-je une relation amoureuse avec mon mari ? Comment pourrais-je améliorer mon mariage ?
- Suis-je le parent que je veux vraiment être ? Est-ce que j'entretiens une bonne relation avec chacun de mes enfants ?

- Ai-je des amis qui me soutiennent et m'encouragent?
- Sommes-nous financièrement à l'aise? Comment faire pour accroître mon sentiment de sécurité?
- Suis-je satisfaite de mon horaire et de celui de la famille? Comment les améliorer?
- Quelles choses présumément irréalistes ai-je toujours souhaitées pour la maison, ma famille ou moi-même, mais que je n'ai jamais osé entreprendre? Les excuses qui m'ont retenue étaient-elles valables?

Tout comme l'évaluation du présent, une liste de rêves n'est pas immuable. Vous allez certainement vouloir la modifier selon l'évolution de la situation familiale. Une fois complétée votre Liste de rêves, retournez à votre Évaluation du présent, autant dans le positif que dans le négatif. Essayez de trouver des points communs entre les deux listes. Ce que vous cherchez, ce sont à la fois des concordances et des divergences. Vous trouverez des éléments qui sont intimement liés et d'autres qui sont totalement divergents. Concentrez-vous sur ces points pour commencer à tisser votre présent et votre futur.

Voici quelques exemples.

Cherchez les divergences profondes. Supposons que vos matins sont chaotiques et que vous rêvez de longs petits-déjeuners familiaux. Une fois que vous savez à la fois ce que vous avez et ce que vous voulez, vous pouvez commencer à prendre les moyens d'atteindre votre but. Dans cet exemple, vous pouvez débuter par des choses simples : préparer les vêtements des enfants la veille et mettre sur une étagère près de l'entrée sacs d'école, équipement sportif, bref, tout ce que les enfants doivent emporter avec eux le matin. Avec le temps, faites en sorte que ce soit la responsabilité de chacun des enfants de placer ces objets à leur place. Demandez tôt dans la soirée si les enfants ont besoin de choses spéciales pour le lendemain matin, comme une permission signée pour une sortie ou des cure-dents pour un projet scientifique. Mettez la table pour le petit-déjeuner la veille, tout juste après avoir fini la vaisselle.

Si dans la catégorie Maison et patrimoine vous avez écrit que vous voulez des penderies bien rangées, mais que vous ne

retrouvez pas ce souhait dans votre liste de rêves, c'est probablement que votre inconscient entend encore votre mère parlant
de ses propres souhaits de rangement. Il n'y a pas de concor-
dance. Vous n'êtes peut-être pas du tout préoccupée par l'état
de votre rangement et vous devriez vous concentrer sur vos
rêves. Le rangement peut attendre et, entre-temps, fermez la
porte.

Si, par exemple, vous désirez plus de temps pour vous-même,
pour faire de l'exercice ou réfléchir tranquillement, mais que
vous n'y parvenez jamais parce que c'est la folie à la maison
quand vous rentrez du travail, pourquoi ne pas vous lever plus
tôt le matin, avant le reste de la famille ? Pourquoi ne pas faire
de l'exercice durant la pause de midi, ou encore alterner avec
votre mari pour la préparation du souper et le temps consacré
aux enfants en fin d'après-midi ? Je connais une femme qui
avait besoin d'un peu de temps pour récupérer à la fin d'une
journée épuisante au bureau. Son mari terminait souvent le
travail très tard. Cette formule d'alternance était donc impossible. Un jour elle trouva une solution qui, quoique imparfaite,
contribua à lui rendre la vie plus facile. Chaque jour, en rentrant
avec sa petite fille, au lieu de s'en aller directement à la cuisine
pour préparer le repas, elle s'installait dans la salle de séjour.
Sa fille regardait son émission de télé préférée ou dessinait dans
un petit cahier spécialement réservé pour cette période. Elles
se mirent d'accord pour se parler de leur journée après ces
quelques minutes de calme, pendant que la mère préparait le
souper. Curieusement, la petite fille, qui fréquentait l'école le
matin et la garderie l'après-midi, prit autant de plaisir que sa
mère à cette période de détente. Cette formule ne vous convien-
dra sans doute pas si vous avez plusieurs enfants ou encore si
vous êtes ce genre de femme qui doit à tout prix se concentrer
quand elle fait la cuisine. Le but de cet exercice, c'est de bien
comparer votre évaluation et votre visualisation, puis de trouver
des solutions personnelles pour combler le fossé qui existe entre
le présent et vos désirs.

Pour trouver ces solutions, étudiez attentivement les secteurs
où vos commentaires dans les deux listes sont intimement liés.
Si par exemple, dans la catégorie Vie personnelle, vous affirmez

que vous aimez votre emploi mais aussi que vous désirez plus
de responsabilités, examinez bien ce que vous aimez dans votre
emploi pour trouver comment vous pourriez obtenir une promotion ou un autre emploi qui vous permettrait de faire encore
plus ce que vous aimez.

Si vous aimez vous retrouver en compagnie de vos amis,
mais n'avez ni le temps, ni l'argent, ni le goût d'organiser de
grandes soirées, rappelez-vous les occasions où vos amis et
vous avez été heureux ensemble. Qu'est-ce qu'il y avait de
spécial dans ces occasions? Est-ce que chaque personne avait
apporté un plat? Aviez-vous tout planifié, ou s'agissait-il de rencontres impromptues? Peu importe ce que vous découvrez,
servez-vous de ce qui semble bien fonctionner.

Après le changement vient… le changement

J'ai découvert au moins une chose en rêvant à des changements, puis en commençant à les réaliser : le changement
entraîne toujours le changement. Une fois que vous aurez
énuméré vos rêves, faites attention, car, consciemment ou
inconsciemment, vous allez commencer à tendre vers ces
objectifs. Votre vie va changer.

Connaissez-vous le proverbe suivant? «Faites attention à ce
que vous demandez, vous pourriez l'obtenir.»

Ce proverbe paraît si simple. Bien sûr, dans un certain sens,
c'est un appel à la prudence. Peut-être n'aimerez-vous pas ce
que vous pensiez désirer. Cette interprétation convient parfaitement à notre époque dans laquelle on privilégie les objectifs,
les résultats, la finalité, plutôt que le chemin qu'il faut emprunter pour y arriver. Et on se demande pourquoi on n'est pas
heureux quand on atteint la fin de la route, que ce soit un
meilleur emploi ou une plus belle maison.

On peut interpréter ce proverbe autrement. Il pourrait en effet
vouloir dire qu'on a de meilleures chances de réaliser ses rêves
si on porte attention à ce qu'on souhaite. Pour moi, cela signifie
tenir compte de ce qui est dans le meilleur intérêt de ma famille
ou de mes besoins personnels. Je le répète : pour vivre une vie
équilibrée, il faut porter plus attention au chemin emprunté
qu'aux objectifs matériels.

Que vous cherchiez de nouvelles façons de faire les choses ou que vous utilisiez des techniques habituelles dans de nouveaux domaines, il faut vous attendre à des résultats différents. Un jour à la fois, un problème à la fois. Progresser par étapes, malgré les revers, vers le rêve que vous avez visualisé pour vous et votre famille, voilà ce que j'appelle l'équilibre.

Pour conserver votre équilibre

- Exercez-vous à freiner lentement, à ralentir votre rythme.
- N'oubliez pas que le passé est moins important que l'avenir. Progressez dans cette direction.
- Élaborez un plan avant que chemises et verres sales ne créent une caverne d'où vous ne pourrez plus vous extraire.
- Méfiez-vous de la voie rapide. Le jeu en vaut-il la chandelle?
- Ne laissez personne jeter de l'ombre sur votre liste de rêves. Assurez-vous que votre liste reflète *vos* rêves et aspirations.
- Accueillez les changements à bras ouverts. Considérez-les comme la roue qui apporte de l'eau au moulin de vos rêves.

3

Déterminer ce qui est important

> *Les choses les plus importantes ne doivent jamais dépendre des choses les moins importantes.*
>
> GOETHE

Mon plus jeune garçon vit différemment que ne l'ont fait les deux plus vieux quand ils avaient le même âge. À un certain moment, entre John, vingt-trois ans, Joel, dix-neuf ans, et James, onze ans, j'ai perdu l'ambition d'être élue Mère de l'année. Quand John était plus jeune, tout comme moi, j'étais volontaire pour être responsable de toutes les collectes de fonds pour la classe, je participais à toutes les sorties et j'étais présente à toutes les fêtes scolaires, armée de biscuits, de punch, de jeux et de prix fabuleux.

Plus maintenant.

Je ne souffre pas d'épuisement professionnel. Non, pas du tout. J'ai sincèrement beaucoup aimé participer aux activités de mes enfants. Leur éducation m'importe. Je suis toujours disponible pour aider avec les devoirs. Je donne à James tous les livres et tous les outils dont il a besoin. Je considère l'éducation des garçons comme leur carrière, même s'ils ne sont pas payés. Et cette carrière est aussi importante que mon travail ou celui de mon mari.

Je ne pense pas que ce soit l'âge. Je me sens mieux que jamais, en meilleure forme, et je possède plus d'énergie qu'il y a dix ou vingt ans.

Quand être présente

Parce que je suis une mère qui a deux carrières, je ne peux assister à toutes les activités de l'école. Voici la liste des événements que je ne manque jamais. Ces idées devraient vous aider à déterminer ce qui est important pour vous et votre enfant.

- Le jour de la rentrée scolaire (je conduis mon enfant à l'école le matin et vais le rechercher en fin de journée).
- Le spectacle annuel.
- La pièce de théâtre de Noël.
- Une sortie par année.
- Chaque concert, assemblée ou spectacle dans lequel mon fils joue un rôle important.
- La journée des parents.
- Le plus de matchs sportifs possible auxquels mon fils participe.
- La remise des diplômes ou toute autre cérémonie importante de fin d'année.

Si vous ne pouvez assister à un événement important, demandez à un parent ou à un ami intime de vous remplacer. Si possible, faites enregistrer l'événement sur vidéo de telle sorte que toute la famille puisse le voir.

Non, je crois tout simplement que je fais des choix différents parce que, avec l'âge, on acquiert une certaine sagesse. J'ai maintenant deux emplois et une vision plus réaliste de qui je suis et de ce que je peux accomplir. Je sais que je ne peux pas tout faire. Mais je peux en faire beaucoup, encore que ma définition de «beaucoup» a elle aussi changé. Avec l'âge on apprend à mieux se connaître, on connaît mieux ses possibilités. En d'autres mots, je sais mieux, maintenant, comment je peux influencer le cour des événements ainsi que la vie de ma famille et la mienne. Je crois que je comprends mieux ce qui est vraiment important pour les gens avec qui je vis. J'ai établi des priorités et je suis à l'aise avec mes choix. Je ne serai peut-être pas la meilleure mère accompagnatrice pour James, mais je vais prendre mon casque protecteur et aller me promener à bicyclette avec lui. Je passe peut-être un peu moins de temps avec lui, en particulier dans les activités de groupe, mais la qualité du temps que nous passons ensemble s'est accrue considérablement.

Quand nous ne pensons pas à ce qui vaut la peine d'être pensé, dit ou fait, il est facile de s'égarer. Les sociologues disent que quelque chose devient l'équivalent d'un dieu, un objet de révérence, quand cette chose devient notre raison d'être ou l'argument déterminant dans nos prises de décision. Notre emploi devient notre dieu lorsque, pour avoir du succès, nous acceptons de sacrifier notre santé, notre famille et même nos principes. Le statut social d'une femme devient son dieu quand elle commence à snober ses vieux amis et à en fréquenter d'autres parce que ces derniers peuvent l'aider à être acceptée dans un club ou une organisation. Nous ne pouvons installer qu'une seule chose en tête de notre système de priorités. Peu importe ce que c'est, cette chose domine alors tous les aspects de notre vie.

Chaque culture possède des histoires qui aident à la fois à la définir et à la perpétuer. Les histoires qui définissent notre culture s'articulent autour de larges thèmes qui provoquent l'inspiration, comme la liberté, une attitude volontariste et les valeurs familiales.

Mais, en même temps, ce sont le statut, les possessions et le pouvoir qui, dans notre société, définissent le succès. Beaucoup d'hommes et de femmes feront n'importe quoi pour l'atteindre. Laissez-moi vous expliquer.

Statut. Parce que les gens doivent admirer et envier le statut que vous avez atteint, vous devez donc travailler pour obtenir un statut enviable et admirable. Il n'est pas suffisant d'être simplement un professeur ou un chef d'entreprise. Non, on doit devenir chef de département dans une des meilleures universités ou président de la compagnie qui connaît la plus grande croissance de la région. Même les enfants sont conscients de l'importance du statut. Ils veulent être l'élève le plus populaire ou le président de la classe. Demandez-leur pourquoi ils trouvent cela si important et, en gros, ils vous diront que cela paraîtra bien sur leur curriculum vitæ. Autrement dit : «Les gens vont avoir une bonne impression de moi.» Nous apprenons à nos enfants qu'ils doivent s'estimer en fonction du jugement que les autres portent sur eux.

Possessions. Nous devons posséder la bonne maison dans le bon quartier, conduire la bonne automobile et porter les bons vêtements, c'est-à-dire des vêtements plus chers que ceux de tout le monde. Si vous vous demandez si c'est là votre façon de penser, demandez-vous pourquoi vous avez acheté l'automobile que vous possédez. Est-ce parce qu'elle vous rend la vie plus facile ou qu'elle a de bonnes performances et qu'elle est économique? Ou parce qu'elle est un symbole de statut social? Nous nous moquons souvent des gens qui achètent des biens pour leur statut social, mais nous le faisons tous. Je serais la dernière à soutenir qu'acheter un produit réputé, même s'il est plus cher, constitue une mauvaise idée. Cependant, je m'inquiète parce que je crois que, de plus en plus, c'est la renommée et non pas la qualité du produit qui nous motive.

Pouvoir. Généralement, nous évaluons notre pouvoir dans la société en nous demandant combien de personnes disent «Combien haut?» quand nous ordonnons : «Sautez!» Nous aimons bien les chiffres. On peut calculer le pouvoir sur les autres sous l'angle de l'argent et des résultats. Quelqu'un qui peut d'un revers de la main faire disparaître une petite entreprise en l'achetant et en la fusionnant avec son grand conglomérat est une personne puissante. Le pouvoir sur les autres séduit. Cela nous donne des billets en première classe et les meilleures tables au restaurant. Quand nous détenons un pouvoir sur les autres, ils insistent pour nous aider… jusqu'au jour où nous avons le dos tourné. Alors, ils nous volent le pouvoir. Et le cercle vicieux se poursuit. Il en est ainsi parce que ce genre de pouvoir — le pouvoir *sur* quelqu'un — est fondé sur un modèle de somme-zéro. Il n'existe qu'une quantité limitée de ce pouvoir et pour s'en procurer il faut le prendre à quelqu'un d'autre. Ce genre de pouvoir, c'est celui de l'enfant le plus fort au parc ou de celui qui possède le plus de jouets.

Mais il existe une autre sorte de pouvoir. Plusieurs entreprises qui doivent rationaliser leurs activités parlent de ce genre de pouvoir. Quand les gens partagent le pouvoir, les décisions se prennent conjointement et ceux qui prennent ces décisions s'y investissent de telle sorte qu'ils acquièrent le pouvoir de les mettre en force. Celui qui détient le pouvoir sur les autres n'agit pas du tout de la même manière que celui qui le partage. La personne qui a le pouvoir sur les autres s'y accroche pour se l'assurer et le conserver. La personne qui partage le pouvoir voit celui-ci s'accroître au fur et à mesure qu'elle l'utilise parce que les autres en profitent.

Déterminer nos priorités, c'est décider ce qui est le plus important pour nous du point de vue théorique, c'est-à-dire en nous demandant pourquoi nous faisons ce que nous faisons. C'est la même chose du point de vue pratique : que faisons-nous et comment le faisons-nous ? Tout cela se résume à des choix. Nous devons déterminer ce qui est fondamental pour nous, identifier *nos* valeurs, pas celles de nos amis ou de notre employeur, ou encore les valeurs des autres femmes telles que les a révélées le plus récent sondage.

Aujourd'hui, nous sommes inondés d'informations. Chaque jour, nous sommes bombardés par diverses informations qui prétendent nous aider à définir nos priorités ou à prendre des décisions. La télévision et la publicité dans les magazines à la mode décrivent une vie dans laquelle les cuisines sont toujours reluisantes de propreté, les garde-robes rangées parfaitement et les femmes toujours élégamment vêtues et coiffées après une épuisante journée de travail. En comparaison, notre propre vie paraît bien pâle. Les journaux multiplient les articles qui nous expliquent comment nous devrions vivre. On trouve des livres traitant de sujets dont nos ancêtres n'ont jamais entendu parler. Et maintenant, si nous ne sommes pas branchés sur Internet, nous sommes complètement dépassés. Je ne soutiens pas que l'information en soi constitue une mauvaise chose; au contraire. Mais on doit la filtrer. Il existe beaucoup de choses que je n'ai tout simplement pas besoin de savoir.

Définir ses priorités : six avantages

La qualité de ma vie a grandement augmenté après que j'ai défini mes priorités et que je les ai suivies. Voici ce qu'établir vos priorités vous aidera à faire.

1. *Déterminer ce qui importe le plus, ce que vous désirez pour votre propre vie et celle de votre famille.* Cela vous aidera à décider ce que vous êtes prête à abandonner ou à ajouter afin d'atteindre les buts que vous vous êtes fixés. Ce n'est pas toujours facile. Récemment, de bons amis à nous ont organisé une fin de semaine fabuleuse pour célébrer leur vingt-cinquième anniversaire de mariage. Pour être certains que même leurs amis de l'extérieur de la ville puissent venir, ils ont offert de payer les billets d'avion et les chambres d'hôtel. C'était une invitation généreuse que nous aurions aimé accepter, mais cela nous causait un problème. Parmi nos priorités, il y a celle de passer du temps pour nous divertir avec les enfants. Nous avions prévu un voyage avec James pour cette fin de semaine. Nous l'avions promis à James et nos horaires de travail ne nous permettaient

---

**Ce que vous auriez le temps de faire
si vous établissiez des priorités**

- Jardiner, faire un potager.
- Passer une soirée romantique avec votre conjoint.
- Prendre plus souvent des bains relaxants.
- Suivre un cours de danse.
- Aller nager trois fois par semaine.
- Finir le coussin au petit point commencé cinq ans plus tôt.
- Lire un livre par pur plaisir.
- Entreprendre un nouveau hobby ou projet avec votre enfant.
- Prendre le temps d'organiser les albums de photos de la famille.
- Aller faire du vélo avec votre enfant.
- Appeler une amie que vous n'avez pas vue depuis long-temps.
- Être de meilleure humeur lorsque vous allez chercher les enfants à l'école.

pas de le faire à un autre moment. Nous avons regretté de décevoir nos amis, mais c'était un de ces choix difficiles qu'il faut faire dans la vie, un choix que nous assumions totalement.

2. *Concentrer temps, énergie et ressources.* Quand vous savez comment vous voulez utiliser vos ressources — pour contribuer cette année à Oxfam, par exemple —, vous ne vous sentirez pas coupable quand vous direz non au énième solliciteur par téléphone qui demande des dons pour une bonne cause. Si, pour vous, passer chaque semaine des moments de qualité avec vos enfants constitue une priorité, et qu'on vous offre une promotion qui exigera de vous de nombreuses heures supplémentaires, vous n'aurez aucune difficulté à choisir entre les deux.

3. *Savoir quand laisser tomber des activités, et lesquelles, lorsque vous vous sentez écrasée par les responsabilités.* J'ai parlé récemment avec une amie rédactrice qui a consacré beaucoup de temps à améliorer la qualité de vie dans la polyvalente que fréquentait sa fille. Elle a rédigé des brochures et des lettres de sollicitation de dons, passé des heures dans différentes réunions et enseigné l'écriture aux élèves. Deux raisons la motivaient : elle croit au principe de l'enseignement public et elle souhaitait que sa fille fréquente la meilleure polyvalente possible. Quelques années après la fin des études secondaires de sa fille, mon amie a cessé de travailler pour cette école. Elle avait toujours confiance dans le système, m'a-t-elle dit, mais elle avait décidé que pour le moment elle devait consacrer son temps et ses énergies à d'autres causes.

4. *Évaluer comment de nouvelles responsabilités vont affecter votre qualité de vie dans d'autres domaines.* Une autre amie, médecin, était fortement encouragée à joindre les rangs d'une clinique privée. Après tout, lui disait-on, c'est la voie de l'avenir et tout le monde le fait. Elle pourrait voir plus de patients et faire plus d'argent. Cause entendue? Pas pour elle. Il y a longtemps, cette amie avait décidé qu'elle voulait exercer une pratique globale de la médecine. S'occuper non seulement du corps, mais aussi de l'esprit. Elle avait donc décidé de voir moins de patients et de leur donner plus de temps. Elle avait aussi décidé de limiter le temps consacré à sa pratique pour être plus présente dans sa famille. Ces priorités l'ont aidée à asseoir sa décision, à conserver son indépendance et à se concentrer sur ce qu'elle désirait vraiment.

5. *Voir la forêt quand vous êtes perdue dans les arbres.* Cela peut être particulièrement difficile quand on élève de jeunes enfants. Nous savons toutes que nous voulons passer du temps avec nos enfants et qu'ils ne seront pas toujours jeunes. Mais en même temps, nous sommes conscientes que si nous négligeons complètement notre carrière, nos propres intérêts et notre développement personnel, nous n'aurons pas grand-chose à leur offrir. Je connais une jeune gestionnaire familiale qui a décidé de travailler à la maison après la naissance de sa fille. Elle et son mari prirent cette décision après en avoir discuté longuement. Elle est graphiste et lui, administrateur dans un collège, de telle sorte qu'il ne peut travailler chez lui. Après deux ans de cet arrangement, elle a commencé à se sentir totalement paralysée. Elle réfléchit longuement à ce problème. Elle en discuta avec des amies qui étaient ou avaient été dans la même situation afin de trouver une solution imaginative à son double besoin, celui de passer du temps précieux avec sa fille et celui de trouver le moyen de se consacrer aussi à elle-même. Tout d'abord, son mari et elle trouvèrent une garderie à temps partiel. La petite fille fit des progrès extraordinaires. Elle apprit à gérer les relations avec d'autres enfants et, surtout, elle évita de développer le syndrome de l'enfant-unique-centre-de-l'univers que craignaient tellement ses parents. La mère profita du temps récupéré pour trouver de nouveaux contrats, plus payants et plus intéressants, ce qui, dit-elle, lui donna l'impression de faire de nouveau partie de la race humaine. Puis elle fut invitée à s'inscrire à un cours de perfectionnement en graphisme qui avait lieu un samedi par mois et qui durait toute la journée. Après en avoir discuté avec son mari, elle accepta. Le mari s'engagea à être, ces jours-là, le parent principal, ce qui lui permit de développer une toute nouvelle relation avec sa petite fille.

Non, tout n'est pas parfait. Mon amie dit encore qu'elle aimerait disposer de plus de temps pour développer son art. Et le mari rappelle qu'il a perdu le plaisir de voir sa femme un samedi par mois. Mais tous deux sont convaincus qu'ils ont fait le meilleur investissement à long terme, autant pour leur famille que pour eux-mêmes.

6. *Demeurer motivée.* Quand nos priorités sont bien en place, nous pouvons voir dans quelle direction nous allons, même à travers les larmes provoquées par la frustration et le désappointement. Nous connaissons tous des histoires de personnes d'âge moyen qui souffrent d'épuisement professionnel. Certains d'entre nous se sont trouvés dans cette situation. Nous avons tous entendu parler de l'homme qui décroche l'emploi, le titre et le salaire pour lesquels il a travaillé durant vingt ans et qui se dit que tout cela, c'est pour sa famille qui, elle, le reconnaît à peine; c'est alors qu'il subit un arrêt cardiaque ou s'achète une décapotable rouge et quitte sa femme et ses enfants pour une jeune femme. Ou, encore, de cette femme qui est tellement occupée à tenir une maison parfaitement propre que ses adolescents lavent la plaque à biscuits avant de les manger; ces enfants désirent être n'importe où sauf à la maison et leur mère les connaît à peine. Ou de cette autre femme qui s'ennuie tellement dans sa solitude qu'elle passe des heures branchée sur Internet avec quelqu'un qui la comprend «vraiment», puis qui quitte sa famille pour cette nouvelle liaison sentimentale.

Trop souvent, on confond *priorité* et *objectif.* Une priorité fait partie d'un ensemble de valeurs, c'est quelque chose qui justifie un sacrifice. Un objectif, c'est ce qu'on tente d'atteindre en fonction de nos priorités. Mais souvent, les deux se désynchronisent facilement. Par exemple, notre priorité peut consister à assurer à nos enfants le meilleur départ dans la vie, et notre objectif est de gagner le plus d'argent possible pour acheter aux enfants tout ce qu'il y a de mieux dans la vie. Dans ce cas, priorité et objectif ne concordent pas. Et si nos enfants avaient l'occasion de mieux nous connaître, peut-être préféreraient-ils jouir plus souvent de notre présence qu'avoir toutes ces possessions. S'il y avait eu une meilleure correspondance entre

> ### Reconnaître ce qui est important pour vous
>
> Pour vous aider à déterminer ce qui compte vraiment pour vous, posez-vous les questions suivantes :
> - Quels genres de sujets, de besoins ou d'activités me motivent vraiment ?
> - Si je pouvais combler n'importe quel besoin dans le monde, qu'est-ce que je ferais ?
> - Existe-t-il un groupe de personnes qui me préoccupe vraiment ?
> - Quels sont, dans ma communauté, les besoins qui me semblent importants ?
> - Avec quel genre de personnes est-ce que j'aime travailler ?
> - Qui sont les gens que j'admire ? Pourquoi ? Qu'est-ce qu'ils accomplissent bien que je pourrais réussir moi aussi ?

les priorités et les objectifs (nous sommes tous touchés par l'obsession statut-possessions-pouvoir), l'homme à la décapotable rouge et la femme avec son mari Internet auraient peut-être entretenu une longue et satisfaisante relation avec leur premier conjoint ainsi qu'avec leur famille.

Prenons un exemple plus concret. Si vous transportez régulièrement des enfants dans un programme de covoiturage, posséder un véhicule sécuritaire fera partie de vos priorités importantes. Un jour, le mécanicien vous dit que votre automobile nécessite des réparations majeures si vous voulez qu'elle demeure sécuritaire. En vous fondant sur votre priorité, qui est de posséder un véhicule sécuritaire, vous déciderez peut-être que votre objectif est de vous acheter une nouvelle automobile.

Trois façons de réfléchir à vos priorités

Ma façon de penser à mes priorités et de les définir évolue en fonction de ce qui se passe dans ma vie. J'ai utilisé tous les modèles que je propose plus bas dans le cours de ma vie. Parfois, quand je dois faire face à des changements importants, j'ai découvert qu'il pouvait être utile, sur une courte période de temps, de les utiliser tous. C'est un peu comme la vieille histoire à propos des aveugles et de l'éléphant. Chacun avait à propos de l'animal une perspective différente. Celui qui pensait que c'était une grosse colonne touchait une jambe. Un autre pensait que l'éléphant ressemblait à un serpent. Un troisième pensait que c'était un grand mur. Vous comprenez ce que je veux dire. Parfois il est nécessaire de considérer une chose de différents points de vue pour vraiment découvrir ce qu'elle est.

1. La méthode du haut vers le bas

Une façon de faire quand on définit ses priorités consiste à déterminer laquelle est la plus importante. Prenez un peu de temps pour décider ce qui se situe au haut de l'échelle. Voici quelques hypothèses : la sécurité financière, un mariage heureux, une relation affectueuse avec les enfants, la paix de l'esprit, de bons amis, le statut social, l'accomplissement spirituel, une famille élargie chaleureuse, un travail intéressant, les voyages, l'éducation, le plaisir et le divertissement, un corps magnifique, de jolis vêtements, une belle voiture, une maison magnifique, la célébrité, la santé, la longévité.

Maintenant rédigez votre propre liste. Essayez d'être le plus concrète possible. Relisez-la et encerclez votre priorité absolue. Oubliez cette liste durant une journée ou une semaine. Reprenez-la. La priorité encerclée est-elle toujours pour vous la plus fondamentale ?

Je crois que ma priorité principale est d'avoir une vie spiri-tuelle satisfaisante. Mais, bien sûr, cela implique d'autres priorités car, au fur et à mesure que j'avance dans ma vie spirituelle, je constate aussi l'importance pour moi d'un mariage solide, d'une famille heureuse, de mon développement per-sonnel, de mes relations avec les autres, de mon travail, du besoin de me sentir responsable financièrement et du souci que j'ai d'élever mes enfants de sorte qu'ils soient bien émoti-vement, mentalement, physiquement et spirituellement. La liste ne cesse de s'allonger. Ainsi, même si nous identifions une priorité principale, nous devons examiner comment les *sous-priorités* nous mènent à vivre quotidiennement en fonction de la principale.

Utilisez votre principale priorité pour organiser vos sous-priorités. Faites une liste des sous-priorités qui sont reliées à la principale.

2. La méthode «Et si…»

Cette méthode peut constituer un exercice futile et frustrant si elle s'accompagne du célèbre «Si seulement». «Si seulement nous avions plus d'argent, une plus grande maison, plus de temps à partager ensemble, je serais plus heureuse.» Mais c'est aussi un moyen de découvrir ou d'articuler des priorités qui étaient encore vagues ou qui vous étaient encore inconnues. Il y a plusieurs façons de faire.

Une bonne façon consiste à vous demander : «Et si je gagnais à la loterie? Quelles sont les dix choses que je ferais? Pourquoi celles-là? Comment mon utilisation du temps et de mon énergie changerait-elle?» Bien sûr, il y a diverses réponses possibles à ces questions. Votre première réponse sera peut-être que vous quitteriez cet emploi que vous n'aimez pas. Ou alors, quitter votre emploi ne se situera qu'au bas de votre liste, ou n'y paraîtra peut-être même pas. Qu'est-ce que cela signifierait? Cela pourrait vouloir dire que vous aimez votre emploi, et que de bien remplir votre tâche constitue pour vous une priorité importante.

Voici une autre bonne question à se poser : «Et s'il ne me restait qu'une année à vivre? Comment passerais-je mon temps? Qu'est-ce que je voudrais absolument dire à mes enfants ou à mon mari? Quel endroit voudrais-je visiter? Comment dépenserais-je mon argent? Avec qui voudrais-je passer du temps?» Tout en étant emballant, cet exercice donne à réfléchir. Si vos réponses diffèrent de la façon dont vous vivez et travaillez, vous voudrez peut-être les utiliser pour modifier vos priorités.

3. La méthode «Deux têtes valent mieux qu'une»

Cette méthode fait tout simplement appel à la très vieille technique de la conversation. Je recommande des conversations régulières. Périodiquement, Bill et moi sortons pour passer une soirée ou une journée ensemble juste pour discuter de la manière dont nous investissons notre temps, nos énergies et notre argent, et de ce que cela démontre à propos de nos priorités. Aucun gestionnaire, aucun président de compagnie ne fonctionne seul. Ce doit être la même chose pour une gestionnaire familiale. Je ne crois pas qu'il existe dans le monde un seul conseiller matrimonial qui dissuaderait les couples de discuter ensemble et de s'écouter mutuellement. Même si l'accord est total sur vos priorités concernant l'argent et l'emploi du temps, le temps passé ensemble accroît l'intimité et vous aide à trouver des manières inventives de vivre vos priorités. Si celles-ci sont différentes, le fait d'en parler et de chercher des compromis innovateurs qui vont satisfaire les besoins des deux partenaires contribuera à vous donner une vie familiale plus satisfaisante et plus paisible.

Plus haut, j'ai parlé de la confusion qui existe parfois entre les priorités et les objectifs. Une autre confusion existe. On pense souvent que les priorités sont immuables. Nous les définissons, les polissons et les installons sur une étagère un peu comme des trophées de bowling ou des vases de porcelaine. Autrement dit, elles sont là, nous savons qu'elles y sont et qu'elles y seront toujours au cas où nous en aurions besoin. Ce n'est cependant pas le cas. Les enfants vieillissent, les emplois et la situation changent, tout comme nos priorités. Une bonne manière de ne plus être en contact avec vous-même, avec votre conjoint et votre famille, c'est de vivre en fonction de priorités qui sont dépassées. Une revue périodique de votre liste empêchera cela de survenir.

Vivre selon ses priorités

Vous connaissez certainement la vieille maxime : «Mieux vaut agir que parler.» C'est vrai. Jusqu'ici, dans ce chapitre, il n'a été question que de mots, des mots «grands comme ça», dirait ma tante Mabel.

Quelles sont nos priorités? Peut-on de façon réaliste penser les mettre en pratique? Et comment le faisons-nous? Nous devons connaître nos priorités pour les mettre en pratique, mais ce ne sont pas vraiment des priorités si nous n'agissons pas en fonction d'elles.

Évidemment, je ne connais pas vos priorités, mais j'imagine que, si vous lisez ce livre, il est très important pour vous d'avoir un foyer confortable, heureux, paisible et satisfaisant. Vous pensez peut-être que je fais allusion à des pilules miracles quand je soutiens qu'une mère avec deux emplois à plein temps peut

> Bien connaître ses priorités, c'est comme disposer d'un appareil photo dernier cri équipé d'un foyer automatique et d'un zoom intégré. Finies les occasions ratées pendant qu'on essaie d'ajuster la vitesse d'obturation et le diaphragme. Quand on regarde la vie à travers la lentille de nos priorités, tout est au foyer.

démontrer à ses enfants combien ils sont importants dans sa liste de priorités même si elle dispose d'un temps limité. Mais récemment, durant une fin de semaine chez des amis, j'étais avec une telle mère. Cynthia est présidente d'une florissante firme de consultants en marketing. Elle a une gardienne durant la journée et lui a donné des instructions spécifiques à propos de ce qu'elle souhaite pour son fils de trois ans. La gardienne participe également au ménage et aux courses. Puis quand Cynthia revient à la maison, elle est *vraiment* à la maison.

Je l'ai vu refuser des invitations à des soirées courues. Elle m'a expliqué comment elle avait refusé de nouveaux contrats parce qu'ils lui demanderaient une plus grande présence au bureau. Le soir, elle regarde rarement la télévision. La qualité du temps qu'elle passe avec son petit garçon est remarquable : beaucoup de lecture, écoute de cassettes, jeux, etc. Chaque soir, avant qu'il n'aille au lit, Cynthia lui demande de lui raconter sa journée. Elle s'intéresse passionnément à son univers, aux insectes qu'il a vus, aux plats qu'il aime ou n'aime pas, aux gens qu'il a visités, à ce qu'il a appris, à son état d'esprit. Tous les samedis, elle planifie avec lui une activité amusante et ils vont ensemble à l'église tous les dimanches.

Cela ne signifie pas que Cynthia ne fait rien pour elle-même. Elle participe à une ligue de tennis une fois par semaine, mais elle joue à neuf heures le soir, après que son fils est endormi. Elle se lève tôt le matin pour faire de l'exercice. Elle lit sur plusieurs sujets, pas seulement ceux qui sont directement liés à son travail. Elle a décidé d'apprendre le langage des signes tout simplement parce qu'elle en a envie et elle cherche un moyen de le faire sans priver son enfant du temps qu'elle lui consacre. Mais elle veut aussi l'enseigner à son fils, ce qui constitue une gratification supplémentaire.

Chaque moment que nous passons avec les enfants s'accompagne d'un choix sur la manière de le faire. Pour avoir du plaisir avec eux, vous n'avez pas besoin de beaucoup d'argent. Vous pouvez partir en randonnée dans les parcs publics, promener le chien en leur compagnie tout en conversant, faire des biscuits avec eux par un après-midi pluvieux et lire ensemble des contes tous les soirs. Voilà de quoi sont constituées des relations significatives. C'est tout aussi vrai pour les autres priorités : comment nous agissons pour les réaliser dit à quel point nous y sommes attachés.

Parfois j'ai l'impression qu'en Amérique du Nord nous avons perdu la notion que nous sommes responsables de notre emploi du temps, et ce à cause, en bonne partie, de la télévision. Deux heures peuvent passer sans que rien de significatif n'arrive dans la famille. Nous invoquons mille excuses. Nous sommes trop fatigués pour faire autre chose. Nous devons à tout prix savoir ce qui se passe dans le prochain épisode de notre téléroman préféré. De telle sorte que chaque soir, dans des millions de foyers, la télé fonctionne et la famille est en suspens.

Et alors nous nous plaignons : «Je n'ai pas le temps de ___.» (Remplissez l'espace vide.) Je suis au contraire convaincue que nous avons le temps, mais que nous l'utilisons mal en fonction des priorités que nous prétendons épouser.

Comment nous dépensons notre temps dit beaucoup

Quand les dirigeants d'entreprises définissent des priorités, ils y pensent en fonction de l'effet qu'elles auront si elles sont respectées. Ainsi, les entreprises qui privilégient la satisfaction des clients vont adopter une politique quant au retour de la marchandise, des heures d'ouverture et plusieurs autres choses qui reflètent cette priorité. En tant que gestionnaire familiale, nous vivons selon nos priorités dans chacun des sept secteurs dont nous avons parlé, et la manière dont nous investissons notre temps dans chacun d'entre eux en dit long sur ces priorités. Illustrons cela par quelques exemples.

Temps. Disons que vous attachez beaucoup d'importance au fait de passer du temps avec vos enfants. Cela signifie que vous ne levez pas la main quand le patron demande des volontaires pour aller aider à la soupe populaire après les heures de travail parce que vous vous êtes engagée à amener votre enfant à la bibliothèque pour l'heure du conte. Mais si une de vos priorités consiste à inculquer à votre enfant le sens de la compassion, vous allez peut-être accepter d'être volontaire et amener votre enfant avec vous.

Nourriture. Si bien manger sans avoir à passer des heures interminables dans la cuisine pendant que les enfants deviennent de plus en plus bougons constitue une priorité importante, vous déciderez peut-être d'investir dans l'achat de livres de recettes rapides. Ou vous pouvez vous faire aider par tous ceux qui sont capables de tenir une cuiller, et ainsi passer du temps avec vos enfants tout en leur apprenant le sens des responsabilités. Si vous utilisez de la vaisselle incassable, ce que vous faites probablement si vous avez des jeunes enfants, n'importe lequel, même le plus jeune, peut mettre la table. Ou encore vous pouvez choisir de consacrer une fin de semaine par mois à la cuisine, préparer des quantités de plats et les entreposer au congélateur.

Maison et patrimoine. Possédez-vous, comme sur la couverture des magazines de décoration, une salle de séjour superbe pleine de meubles luxueux sur lesquels personne n'ose s'asseoir ou se détendre? Ou possédez-vous plutôt de jolis meubles confortables qui semblent vous inviter à vous asseoir, à étendre les jambes et à vous détendre? Cela dépend de vos priorités.

Finances. Est-il plus important pour vous d'avoir des économies substantielles, ou de dépenser une partie de votre argent pour aménager une salle de jeux ou prendre des vacances extraordinaires en famille? Comment réduire les coûts et jouir quand même de bonnes vacances? Un membre de votre famille est-il habile de ses mains? Vous, votre conjoint, votre ado?

Est-ce que cette personne pourrait vous enseigner quelques trucs et pourriez-vous alors faire vous-mêmes vos rénovations, ce qui vous coûterait moins cher et vous permettrait de passer du temps en famille ? Je sais d'expérience qu'on peut construire une bibliothèque en autant de temps qu'on consacre à regarder un film à la télévision.

Projets spéciaux. S'il est important pour vous de reconnaître la personnalité de chacun de vos enfants, imposez-vous par contre à votre fille de neuf ans le genre de fête d'anniversaire que vous avez toujours désiré pour vous ? Ou lui demandez-vous ce qu'elle préfère ? J'ai une amie qui a offert ce choix à sa fille. À l'intérieur de limites raisonnables, elle pouvait avoir la fête d'anniversaire qu'elle désirait. Tout d'abord, sa fille ne sut comment répondre. Puis, elle aligna une foule d'idées allant d'une partie de quilles à une fête autour d'une piscine dans un hôtel (un plaisir pour cette fille née en hiver), jusqu'à une fête plus modeste à laquelle elle pourrait inviter toutes les filles de sa classe. Sa mère discuta avec elle pendant qu'avec difficulté elle couchait sur papier tous les détails : qui inviter, quelles seraient les activités, où aurait lieu la fête. À la fin, la jeune fille avait élaboré au moins cinq plans de fête. Au lieu d'étouffer la créativité de sa fille, la mère discuta avec elle de toutes les options : combien elles coûteraient, combien de temps serait nécessaire pour les organiser et comment évaluer diverses possibilités afin d'arriver à une décision finale. En fin de compte, elle choisit d'inviter ses meilleures amies dans un salon de thé de style victorien. Non seulement cette jeune fille eut-elle l'occasion de faire son propre choix et en même temps d'apprendre comment vivre en fonction de ses priorités, mais elle découvrit aussi comment faire un plan et le réaliser. Elle apprit surtout que sa mère l'aimait beaucoup.

Famille et amis. Si votre relation amoureuse avec votre mari est une priorité et que vous souhaitez passer plus de temps ensemble dans l'intimité de votre chambre, déterminez quels jours conviendraient le mieux à des rendez-vous romantiques après que les enfants sont endormis. Vous tenterez, ces jours-là, de conserver de l'énergie et d'entretenir des pensées romantiques pour être prête.

Vie personnelle. Qu'est-ce qui a le plus de valeur : accepter de travailler sur un projet durant votre heure de lunch ou refuser parce que vous avez décidé de faire de l'exercice chaque jour au gymnase ?

Éviter les pièges

Vous pensez peut-être que c'est une bonne idée d'organiser sa vie autour de certaines priorités. Mais en même temps vous vous dites que vous êtes tellement occupée que vous n'avez même pas le temps de les définir, encore moins de les respecter. Vos responsabilités familiales, professionnelles et communautaires peuvent parfois vous paraître écrasantes. Vous avez l'impression de dériver dans une rivière d'exigences quotidiennes, sans aviron pour vous diriger et aucun moyen d'arrêter pour voir dans quelle direction vous allez. Nous faisons toutes face à de nombreux obstacles qui nous empêchent de déterminer nos priorités et d'organiser notre vie autour d'elles. Les trois principaux obstacles auxquels je fais face dans ma vie sont les suivants.

1. *Les circonstances.* Si nous ne décidons pas qu'il est d'une importance vitale de prendre une heure et de nous retirer dans un endroit tranquille où nous pouvons penser à ce qui est important pour nous, nous faisons face à une vie remplie de petits succès, d'activités inutiles, de frustrations et de médiocrité.

2. *Les attentes et la pression des autres.* Nous sommes toutes plus ou moins susceptibles de nous soumettre aux ordres du jour des autres et de faire des compromis. Longtemps ma vie a été dominée par les «il faudrait que…», «je devrais…», «il faut absolument que…» alors que je tentais désespérément de faire plaisir à tous ceux qui m'entouraient. Je me tirais du lit péniblement le matin et courait toute la journée, rayant les tâches de ma liste, rencontrant les besoins de tous sauf les miens

et ne terminant jamais ce que j'avais à faire. Tout cela se termina à l'hôpital ; je souffrais d'épuisement. Ce fut une façon douloureuse d'apprendre que je ne pouvais pas tout accomplir et que je devais me concentrer sur ce qui était le plus important pour moi et ma famille. La pression des pairs ne constitue pas un problème seulement pour les adolescents. Et il n'est jamais trop tard pour vous tenir debout et vivre en fonction de vos priorités.

3. *L'amour du confort.* Nous organisons nos vies généralement pour éviter la douleur et maintenir notre confort personnel. Mais tout changement important qui améliore notre vie, toute recherche de développement personnel ou émotif nous font sortir de cette zone de confort. Le changement n'est jamais une chose facile, même si c'est pour un but positif, comme vivre en fonction de ses priorités. Il est plus facile de demeurer comme on est. Mais si ce que vous êtes actuellement, si votre mode de vie ou votre personnalité ne correspondent pas à vos souhaits, il est peut-être temps de ressentir un peu d'inconfort. Cela sera rentable à long terme. Par exemple, il y a quelques années, un spécialiste de la condition physique m'a expliqué qu'au cours de la vie notre métabolisme ralentissait de 10 % à chaque décennie et que, si nous ne voulions pas prendre du poids en vieillissant, il fallait faire des exercices de renforcement. Travailler avec des poids raffermit les muscles, non pas pour que nous ressemblions à des culturistes, mais pour que nous soyons plus forts, capables de résister à la gravité et aux changements qui accompagnent le vieillissement. Le

---

Vous dirigez-vous vers l'épuisement total ?
Indicateurs d'épuisement

- Fatigue
- Insomnie
- Absence mentale
- Maux de tête
- Perte de l'appétit sexuel

- Irascibilité
- Rougeurs
- Ulcères
- Maladie

problème est que ce genre d'entraînement est douloureux, très douloureux. Quand j'ai commencé à travailler avec des haltères, mes muscles étaient endoloris durant une semaine ou deux, mais je savais que si je supportais cette douleur à court terme, j'obtiendrais les résultats à long terme que je souhaitais. Voilà un troc qui est rentable.

Votre vie échappe peut-être à toute direction. Vous savez que vous ne vivez pas en fonction de vos priorités. Vous savez que la situation doit changer. Que faire ? Vous accordez de l'importance à ce qui vous est essentiel, mais vous êtes incapable de trouver le truc magique, comme dans les ordinateurs, qui vous permettrait de changer les choses immédiatement. Vous ne vous êtes pas rendue où vous êtes aujourd'hui en quelques jours, et probablement que les choses ne changeront pas en quelques jours.

Vous devez *synthétiser*, c'est-à-dire créer quelque chose de neuf en unissant des éléments qui ne sont pas reliés. Synthétiser ne signifie pas qu'il faut tout changer totalement (encore que, à certains moments, ma maison était si désorganisée qu'il semblait plus facile de déménager que de remettre de l'ordre). Cela signifie intégrer de nouvelles idées dans notre vie. Cela signifie changer, parfois lentement, parfois abruptement, et trouver le moyen d'adopter de nouvelles tactiques, de nouveaux comportements et de nouvelles activités qui vont apporter dans nos vies des résultats positifs. En fait, c'est le contraire du geste qui nous mène à jeter le bébé avec l'eau du bain.

Il faut commencer quelque part. Si vous trouvez difficile de commencer par les petites pierres pour vous attaquer à la montagne, je suggère que vous pensiez un jour à la fois. Prenez un petit carnet et inscrivez-y vos priorités principales. Puis, au fur et à mesure que vous faites des choix dans la journée, notez-les et voyez s'ils sont conformes ou non à vos priorités. Il ne s'agit pas de vous déprécier chaque fois que vous n'agissez pas en conformité avec vos priorités, mais de devenir consciente de vos gestes. Vous découvrirez peut-être, comme c'est arrivé à une de mes amies, que vous entreprenez trop de choses à la fois et vous déciderez alors de diminuer vos activités. Ou encore vous découvrirez peut-être que ce qui était autrefois une priorité ne l'est plus du tout aujourd'hui.

En plus de mes deux emplois à plein temps, j'avais l'habitude de faire beaucoup d'heures supplémentaires. J'acceptais chaque fois qu'on me proposait d'être volontaire. Je ne me fais pas d'illusion : je sais que je ne suis pas un cas unique. En tant que femme nous avons probablement été élevées avec le souci de plaire aux autres. Plaire aux autres n'est pas nécessairement mauvais, à moins que nous le fassions au détriment de notre famille, de notre santé ou de nos buts et aspirations dans la vie. La terre ne s'arrêtera pas de tourner si vous dites «Non, je ne peux pas» quand on fera appel à votre temps ou à vos énergies.

Je crois que nous disons toujours oui aussi parce que nous connaissons mal nos priorités relatives à notre vie et à celle de notre famille. La nature a horreur du vide. Si nous ne savons pas ce que nous voulons, nous allons probablement remplir notre temps d'activités qui sont peut-être valables en soi mais qui ne sont pas celles que nous voulons vraiment, jusqu'à ce qu'il ne nous reste plus de temps pour accomplir les choses essentielles.

Finalement, comme notre culture valorise par-dessus tout le succès financier mesurable, nous avons tendance à sous-estimer la valeur de ce que nous faisons en tant que gestionnaire familiale. Reconnaître l'importance de cet emploi est fondamental. Cela ne paraît peut-être pas dans les pages économiques des quotidiens, mais chaque fois que nous prenons du temps pour jouer avec un enfant, que nous abrégeons une réunion de travail pour pouvoir manger en famille ou que nous aidons un adolescent avec son travail scolaire, nous influençons l'avenir du pays. Tout ce que nous faisons de positif pour notre mari, nos enfants et nous-mêmes, tout ce que nous accomplissons pour que nos foyers soient des lieux où l'on puisse réaliser son plein potentiel, tout cela aide à construire des familles fortes. Des familles fortes forment des communautés solides. Ces communautés développent une culture forte, et une culture forte construit un pays fort.

Quoi conserver à son agenda

Beaucoup de femmes sont motivées par la culpabilité quand elles acceptent de participer à une activité. Elles se disent : «Ma

---

Pour dire «oui» il faut savoir dire «non»
Chacune d'entre nous dispose d'une quantité limitée de temps,
de talents et de ressources. Donc, pour pouvoir dire «oui» aux
choses qui sont en harmonie avec nos priorités, nous devons
créer temps et énergie en disant «non» aux autres choses.

---

mère l'a toujours fait» ou «Tout le monde le fait, alors
j'imagine que je devrais le faire aussi.» Ou alors les gens qui
nous font une demande sont si insistants que nous n'osons pas
refuser. Nous devons nous arrêter et nous demander ce que nous
sommes profondément avant de dire oui. Le seul fait qu'une
chose doit être faite n'est pas une raison suffisante en soi pour
qu'on y consacre temps et énergie. Nous devons savoir si
l'activité s'harmonise avec nos talents et nos priorités (ou nos
passions). Quand nos talents — nos habiletés et notre expérience — et nos passions — toutes ces choses auxquelles nous
croyons profondément — sont cohérents avec ce que nous
faisons, nous nous sentons pleines d'énergie et il est fort
probable que nous accomplirons un bon travail. Quand nous
nous impliquons dans des choses qui ne nous passionnent pas
ou pour lesquelles nous ne possédons pas les talents requis,
nous nous sentons sans force et le résultat ne pourra être, au
mieux, que médiocre.

Évaluez les activités dans votre vie. Si cela est possible,
déléguez ou refusez celles qui ne sont pas en harmonie avec
ce que vous êtes.

En somme, déterminer des priorités non seulement vous
libère, mais fournit une plus grande satisfaction parce que vous
consacrez du temps et de l'énergie aux choses qui sont vérita-
blement importantes pour vous. Même si je ne suis plus la Mère
de l'année dans la classe, je suis plus près d'être devenue la
Mère de l'année pour James. Et c'est facile pour moi de dire
ce qui, à long terme, est le plus important des deux.

Activité	Est-ce que cela me passionne?		Est-ce que cela va me stimuler ou m'épuiser?	Qui d'autre pourrait le faire?
_____	❏ Oui	❏ Non	_____	_____
_____	❏ Oui	❏ Non	_____	_____
_____	❏ Oui	❏ Non	_____	_____
_____	❏ Oui	❏ Non	_____	_____
_____	❏ Oui	❏ Non	_____	_____
_____	❏ Oui	❏ Non	_____	_____
_____	❏ Oui	❏ Non	_____	_____
_____	❏ Oui	❏ Non	_____	_____
_____	❏ Oui	❏ Non	_____	_____
_____	❏ Oui	❏ Non	_____	_____
_____	❏ Oui	❏ Non	_____	_____
_____	❏ Oui	❏ Non	_____	_____
_____	❏ Oui	❏ Non	_____	_____
_____	❏ Oui	❏ Non	_____	_____

Pour conserver votre équilibre

- Félicitez-vous si une situation ou une relation vous profite.
- Assurez-vous que votre «dieu» mérite votre respect.
- Filtrez les informations. Ne faites pas que les gober.
- Laissez vos priorités vous aider à voir la forêt quand vous êtes perdue dans les arbres.
- Rappelez-vous que la preuve de l'existence de la priorité est l'action que vous engagez en fonction d'elle.
- Acceptez de souffrir à court terme pour gagner à long terme.

4

Vivre à la fois dans le présent
et dans l'avenir

*Les gestionnaires efficaces vivent dans
le présent, mais se concentrent sur
l'avenir.*

James L. HAYES

Il est plus facile de choisir le présent ou le futur que de vivre dans les deux à la fois, mais, en faisant cela, on se prive et on prive sa famille. Il existe plusieurs manières de vivre dans le futur et j'ai déjà été experte dans les façons les moins utiles de le faire. Cela va à peu près ainsi : quand les enfants n'auront plus de broches et auront quitté le collège, quand nous vivrons dans une plus grande maison, bien organisée et facile à entretenir, quand l'hypothèque sera payée et que nous aurons plein d'économies, je vais prendre le temps d'apprendre le piano, de faire de l'exercice, de suivre des cours de danse, de faire ma maîtrise, de voyager avec des amies sans aucune autre raison que d'avoir du plaisir ensemble. Cet avenir idéal était tout près. J'en étais convaincue. Tout ce que j'avais à faire était d'être patiente et cela se produirait.

D'autre part, j'ai déjà tellement vécu dans le présent que je ne prenais même pas le temps de rêver et d'imaginer de grandes choses pour ma famille et moi. Évidemment, elles ne se sont jamais réalisées. La devise des scouts est : «Toujours prêts.» C'est une bonne devise pour tous, y compris les gestionnaires familiales. Un des grands événements pour lesquels mon mari et moi nous sommes préparés récemment est le fait d'avoir deux fils en même temps à l'université. Depuis longtemps nous savions qu'il fallait planifier pour absorber l'impact financier. Nous avons aussi aidé nos fils à chercher du travail et de l'aide financière. Mais j'ai dû également penser à comment cette situation modifierait notre vie familiale. Mon mari et moi devions nous habituer à avoir des enfants qui n'habitent pas à la maison et à reconnaître leur nouveau statut de «presque» adulte tout en maintenant une relation parentale avec eux. Nous avons commencé à parler de l'université il y a six ans quand John, l'aîné, s'est mis à parler de quelle institution il avait envie. Aujourd'hui, le futur est là. Pour fonctionner efficacement, en remplissant les demandes du présent et en fournissant les rêves et les aspirations de demain, il m'a fallu vivre à la fois dans le présent et dans l'avenir.

Quand j'ai commencé à appliquer les principes de gestion que j'avais appris en affaires à mon travail et à ma vie familiale, j'ai découvert que je pouvais prendre de meilleures décisions quotidiennes si j'étais constamment consciente de ce que l'avenir pouvait nous réserver. C'est paradoxal, mais vivre dans ces deux univers me rendait plus consciente du moment présent. Par exemple, pendant que John se préparait pour nous quitter, j'ai passé le plus de temps possible avec lui pour garnir ma mémoire de souvenirs que j'évoquerais quand il aurait quitté la maison.

Vivre dans le futur ne signifie pas remettre à demain ce qu'on peut faire aujourd'hui. Vivre dans le présent ne signifie pas qu'on ne planifie pas l'avenir. C'est aussi simple que cela.

Hommes mystérieux et cadets de l'espace

Il est important, quand on vit au présent, de porter attention à ce qu'on fait et d'être parfaitement prête au bon moment. Quant à vivre dans le futur, cela signifie prévoir ce qu'on désire et s'assurer d'accomplir les gestes appropriés au bon moment, avec les bonnes personnes et les bons moyens pour atteindre ses objectifs. Que ce soit pour une sortie de famille comme le mariage du cousin et qu'il faut vérifier tout, souliers lacés, fermeture éclair montée, visages débarbouillés, ou que ce soit pour trouver ce qu'il faut améliorer à la maison pour pouvoir la mettre en vente l'été venu, vous devez travailler consciemment sur aujourd'hui et demain en même temps.

Faire cela demande deux types d'habileté. Et, d'après mon expérience, les gens sont généralement meilleurs dans l'un des secteurs que dans l'autre. C'est un peu comme être droitier ou gaucher. Vous êtes l'un ou l'autre. Par contre, j'ai découvert que les hommes qui vivent à la fois dans le présent et dans l'avenir dans leur carrière sont généralement incapables de faire la même chose à la maison. Dans le domaine de la gestion familiale, les hommes ne peuvent pas vivre les deux dimensions comme ils le font dans le monde du travail. Ils se débrouillent très bien dans le présent et le futur quand ils élaborent des budgets et des plans de croissance et quand ils utilisent les tendances du marché et les prévisions pour prendre des décisions. Certains peuvent aussi comprendre ce fonctionnement parallèle quand il s'agit d'un projet qui les passionne comme planifier un voyage de pêche ou refaire la salle de jeux. Mais vous trouverez rarement la même attitude lorsqu'il s'agit d'exécuter les tâches hebdomadaires de la maison, de prendre ou de respecter les rendez-vous ou d'amener les enfants aux activités parascolaires. Du moins, telle est mon expérience.

Dans ma famille, par exemple, les mardis et les jeudis sont les matinées les plus occupées, et ce, depuis longtemps. Voici un mardi typique chez les Peel : je me réveille plus tôt pour pouvoir aller faire de l'exercice et quelques courses avant de me consacrer aux autres activités de la journée. En revenant à la maison, j'espère que les ordures, qui sont toujours ramassées le mardi, ont été «miraculeusement» déposées dans les poubelles à l'extérieur. Pas de chance. Quand j'entre, je suis accueillie par l'odeur nauséabonde des ordures et par le ronflement de mon mari.

Fredonnant «Seule encore, naturellement», je vide tous les contenants à ordures de la maison tout en me demandant ce que je vais mettre dans la boîte à lunch de James. J'inspecte aussi tous les placards parce que personne ne s'est souvenu que mardi c'est le jour N comme dans Nettoyage à sec. Vérifiant si James est éveillé, je lui rappelle de sortir son uniforme de scout ainsi que sa raquette et ses souliers de tennis. Puis je me précipite à la cuisine pour préparer le petit-déjeuner et attendre l'apparition de mes hommes.

Et ils apparaissent, l'air innocent, affamés et, comme pour me narguer, parfaitement reposés. Bill s'assoit et commence à lire le journal, puis lève la tête, me regarde et demande : «C'est quoi, c'est air que tu as sur ton visage?»

Je lui explique que je cours depuis trois heures, vivant dans le futur en pensant à la tâche suivante. Ce n'est pas que Bill ne partage pas avec moi les responsabilités domestiques. C'est que je suis toujours la première, celle qui fait avancer les choses. Il ne semble pas conscient de la multitude de choses qui doivent être accomplies avant qu'il puisse jouir d'une activité. Les vacances constituent un autre exemple, avec tout ce qu'elles comportent avant le départ.

Pour être juste envers mon mari, je dois revenir sur le fait qu'une personne n'est jamais également à l'aise dans l'un et l'autre de ces univers que sont le présent et l'avenir, que ce soit au bureau ou à la maison. Ma famille sait que je peux parfois ressembler à un cadet de l'espace. J'ai déjà essayé de rédiger une liste de choses à accomplir tout en conduisant sur l'auto-route, ce que je ne recommande à personne! Parfois je vis tellement dans le futur que la journée passe comme un mirage et que j'oublie ce que je fais parce que je me concentre sur ce qui devra être fait le samedi suivant. Cela peut avoir des conséquences néfastes, particulièrement quand je fais la cuisine. Souvent j'ai laissé les pâtes coller au fond de la casserole. Pouvez-vous imaginer l'odeur? Et comment ce gâchis est difficile à nettoyer? Ou encore, je suis tellement préoccupée par la section suivante d'un projet d'écriture que j'oublie où j'ai enregistré le dossier du dernier projet dans l'ordinateur et que je ne me souviens pas du titre. Bill vient souvent à ma rescousse pour trouver la dernière version du chapitre 1, que j'avais intitulée «Chapitre 5» parce que je travaillais sur la cinquième version.

Ce que je veux expliquer ici, c'est qu'il faut s'accepter mutuellement et aider patiemment notre conjoint avec des listes et de gentils rappels de ce qui doit être accompli.

Être présente dans le présent

En premier lieu, on doit vivre délibérément dans le présent. Nous devons être conscientes de la manière dont nous occupons notre temps, que ce soit au travail ou dans les loisirs. Consacrons-nous du temps à stimuler ou à reposer notre esprit (les deux sont importants)? Nous arrive-t-il de ne rien faire ou alors de faire n'importe quoi (les deux sont destructifs)? Planifions-nous l'avenir ou nous inquiétons-nous pour le passé? Particulièrement pour la femme qui a une double carrière, chaque segment de cinq minutes est important. Avec une dizaine d'entre eux, vous avez presque une heure. Comment occupez-vous ces segments?

Durant des années j'ai vécu frustrée. Je ne faisais jamais ce que je pensais vouloir ou devoir faire. J'avais une liste de choses à faire, mais j'attendais de disposer de beaucoup de temps pour m'y mettre. Je me disais que lorsque j'aurais quelques heures je rangerais la cuisine et les placards, que je nettoierais les tiroirs ou que je mettrais de l'ordre dans les jouets des enfants. Mais je n'avais jamais quelques heures. Maintenant, je me rends compte que nous sommes très peu à pouvoir disposer de grandes plages de temps et que le présent se déroule par petits morceaux de une minute.

Quand j'ai décidé de diviser ces longues périodes en petits blocs de cinq minutes, ma vie a changé. Maintenant j'accomplis beaucoup plus parce que je considère ces petits segments comme des trésors qui me permettent de faire une partie de ce qui doit être fait. Peut-être que je commencerai en nettoyant un tiroir dans la salle de bains ou la moitié de l'argenterie. Je pourrai faire le reste quand un autre cinq minutes se présentera. Même chose pour le rangement de ma penderie. En cinq minutes, je peux enlever les blouses dont je ne veux plus. Puis, avec un autre cinq minutes, je peux faire la même chose avec les jupes, et ainsi de suite. Un peu de temps par-ci, par-là et j'arrive à terminer.

En tant qu'écrivaine qui travaille à la maison avec des dates de tombée pour des articles ou des livres, j'ai appris à consacrer cinq minutes à un paragraphe puis à parler au téléphone avec quelqu'un de l'école, ensuite à envoyer par courrier électronique une idée de chapitre à mon éditeur, puis à écrire

Le grand voleur de temps

Souvent, on remet à plus tard des tâches désagréables. La procrastination nous prive de beaucoup de temps. Voici quelques idées pour combattre cette mauvaise habitude.

- Fixez un jour et une heure fermes pour accomplir un travail désagréable. Inscrivez cette activité à votre agenda, comme tout autre rendez-vous.
- Énumérez les différentes étapes d'un travail, dans l'ordre que vous devrez suivre. Puis rayez chacune des étapes au fur et à mesure pour constater les progrès accomplis.
- Divisez en petits morceaux les travaux désagréables. Serrez les dents et travaillez par petites séquences. Sans vous en rendre compte, vous aurez bientôt presque terminé.
- Rendez-vous responsable de cette tâche auprès d'une amie ou d'une collègue de travail. Précisez-lui le travail que vous devez faire et l'échéancier que vous vous êtes fixé. Informez-la quand vous aurez terminé.
- Divisez un long projet en objectifs à court terme. Par exemple, si vous coordonnez la collecte de fonds en vue d'acheter des ordinateurs pour l'école, établissez des étapes intermédiaires. Accordez-vous une récompense chaque fois que vous parvenez à financer l'achat d'un ordinateur.
- Essayez l'approche de la carotte. Après avoir complété une tâche désagréable, récompensez-vous. Prenez une pause café ou allez faire une promenade. Ou accordez-vous une période de temps identique pour travailler sur un projet qui vous passionne.

un autre paragraphe, suivi d'un autre appel d'un journaliste, auquel je fais parvenir par télécopieur les informations requises, puis à répondre à la porte et à montrer à l'électricien où est la boîte des fusibles, puis à rédiger un autre paragraphe, et ainsi de suite, par tranches de cinq minutes. Si je devais attendre d'avoir beaucoup de temps pour écrire ce que je dois écrire, je n'écrirais jamais un mot et je serais en chômage.

Étudier la façon dont vous dépenser votre temps vous aidera à découvrir toutes ces heures perdues que vous pourriez utiliser plus efficacement. Si vous êtes une femme qui mène deux carrières, vous savez combien sont précieuses toutes ces heures durant lesquelles vous n'êtes pas au bureau. Je suis convaincue que les techniques que vous utilisez au travail pour mieux

---

Tenir les comptes du temps

Si vous ne croyez pas que vous pouvez trouver ne serait-ce que cinq minutes de plus dans votre vie, livrez-vous à cet exercice. Tenez un journal dans lequel vous notez comment vous employez votre temps durant une journée typique de la semaine et une autre de la fin de semaine. Notez tout ce que vous faites et combien de temps vous y consacrez, du matin jusqu'au soir, en divisant votre journée en blocs de trente minutes. Soyez certaine d'inclure les choses suivantes :

- L'heure du lever.
- Ce que vous faites pendant que vous allez au travail et revenez à la maison.
- Combien de temps il vous faut pour terminer les petits et les grands projets.
- Les appels téléphoniques : leur nombre, leur durée et le sujet.
- Le magasinage et les courses : période et temps consacré.
- La durée des pauses, incluant le lunch.
- Quand vous regardez la télévision et durant combien de temps.
- Quand vous faites le ménage, la cuisine et la lessive, et combien de temps vous y consacrez.
- Qui ou quoi vous interrompt.
- Combien de temps vous perdez à chercher des objets égarés.
- Ce que vous lisez et combien de temps vous y consacrez.

Dix travaux de cinq minutes conjugués au présent
- Nettoyer une étagère dans le réfrigérateur.
- Rempoter une plante.
- Nettoyer l'évier.
- Écrire un mot de remerciements.
- Emplir la laveuse.
- Ranger vos chandails.
- Épousseter le salon.
- Payer quelques factures.
- Faire trois appels téléphoniques. (Si vous ne disposez que de cinq minutes, vous ne serez pas tentée de perdre votre temps en conversation inutile.)
- Dire à votre mari et à vos enfants combien vous les appréciez.

organiser le temps peuvent être aussi efficaces dans votre fonction de gestionnaire familiale.

Apprenez aux membres de votre famille comment ils peuvent aider s'ils disposent de cinq minutes. Rédigez une liste de petits travaux et affichez-la pour qu'ils puissent s'y référer. Voici quelques suggestions pour débuter.

- Vider le lave-vaisselle.
- Ranger des bas propres.
- Mettre la table.
- Programmer le magnétoscope.
- Coudre un bouton.
- Passer l'aspirateur dans une pièce.
- Brosser le chien ou le chat.
- Défaire un lit et aller porter les draps dans la salle de lavage.
- Balayer l'entrée.
- Faire du rangement.

Dix travaux de cinq minutes conjugués au futur

- Prendre rendez-vous avec le médecin ou le dentiste.
- Rédiger une liste des choses à faire pour la journée ou la semaine.
- Téléphoner pour faire envoyer une brochure touristique ou pour faire des réservations.
- Organiser une sortie pour le samedi suivant avec votre mari et réserver une gardienne.
- Appeler la pâtisserie pour réserver un gâteau pour le pique-nique de classe de votre enfant.
- Acheter le cadeau idéal pour l'anniversaire de votre sœur dès que vous le voyez, même si son anniversaire n'est que dans six mois.
- Préparer les menus de la semaine prochaine.
- Prendre note de vos objectifs pour les six prochains mois.
- Relire les objectifs que vous vous étiez fixés pour le présent et effectuer une brève évaluation.
- Harmoniser avec votre mari les calendriers familial et professionnel.

Pour ne pas être ensevelie

Dans mes efforts pour vivre efficacement dans le présent, pour contrôler (et non pas être contrôlée par eux) les différents besoins de ma famille et de ma carrière, et pour planifier correctement, j'ai inventé une liste pour retracer les détails dans chacun des sept secteurs de la gestion familiale. Je l'appelle ma Liste de cibles. Elle est très utile parce que :

- Elle aide à organiser son esprit en fournissant un système pour démêler la multitude de tâches et de responsabilités qui peuplent chaque journée.
- Elle dégage des perspectives et révèle ce qui est négligeable et ce qui est prioritaire.
- Elle montre bien ce que nous sommes les seules à pouvoir faire et ce que nous pouvons déléguer.

- Elle améliore notre mémoire par l'exercice qui consiste à écrire des détails.
- Elle nous rappelle quelles étapes doivent être franchies aujourd'hui pour que tout se passe bien le lendemain.

Voici un exemple de ma Liste de cibles.

Liste de cibles de la gestionnaire familiale			
Maison et patrimoine	Nourriture	Famille et amis	Finances
Projets spéciaux	Temps et horaires	Vie personnelle	Autres travaux
			Date : _____

Lorsque vous commencerez à utiliser cette liste, acceptez tout de suite qu'à la fin de la journée vous ne serez pas toujours capable de rayer toutes les tâches inscrites. Que cela ne vous décourage pas. Reportez les tâches non accomplies sur la liste du lendemain ou enlevez celles qui vous semblent peu importantes pour le moment. Utilisez cette liste comme une occasion de faire du progrès et de célébrer vos réalisations. Si vous ne devenez pas experte en une semaine ou deux, ne vous découragez pas. Cette liste est pour les femmes qui sont extrêmement occupées, et de telles femmes ne deviennent pas parfaites par la seule vertu de la planification. Cependant, elles deviennent sans cesse meilleures, ce qui ne peut qu'être bénéfique pour leur famille et leur travail.

Conjuguer au futur

Vous avez sans doute déjà entendu dire que pour demeurer à la fine pointe du progrès les entreprises doivent apprendre à prévoir l'avenir. Bien sûr, rien n'est jamais absolument certain. La vieille maxime qui dit que «la route du futur est pavée d'incertitudes» contient beaucoup de vrai. Alors, pour prévoir l'avenir, faut-il recourir à la lecture des lignes de la main ou à l'interprétation des prédictions enfermées dans les biscuits du restaurant chinois? Bien sûr que non. Prévoir l'avenir se fait en utilisant une technique que les entreprises appellent la planification par scénario. En tant que gestionnaire familiale, nous faisons de la planification par scénario de trois manières.

1. *Planifier des impondérables.* Les impondérables ne sont pas des plans en soi. Ce sont des versions hypothétiques de ce qui pourrait se produire dans l'avenir. En gestion familiale, c'est ce qui pourrait survenir dans l'avenir de la famille, que ce soit demain, dans un mois ou dans un an. Pour vous donner une idée de ce qu'une telle planification suppose, imaginez que vous préparez un voyage de pêche avec la famille pour la fin de semaine prochaine. Imaginez que vous vous apprêtez à monter dans la fourgonnette avec tout l'attirail de pêche. Pour en arriver là, il faut un minimum de planification. Vous devez consulter une carte géographique pour voir quelle route emprunter pour vous rendre au lac. Même si elle est très détaillée, votre carte géographique ne vous prépare pas pour tout ce qui vous attend. Elle ne fournit aucune information sur des choses comme le temps qu'il fera, la disponibilité de toilettes, le genre d'insectes qu'on trouve dans la région, les parcs qui pourraient être fermés, les voisins bruyants, les animaux dangereux ou encore les équipements de restauration. Pour faire face à ces possibilités, vous devez évaluer quelques scénarios hypothétiques. Que ferez-vous si un enfant tombe dans l'eau et est complètement trempé? Que faire si un orage éclate pendant que vous êtes au milieu du lac dans une chaloupe? Ou si vous vous trouvez face à face avec un serpent venimeux? Peut-être qu'aucun de ces incidents ne surviendra, mais tous le peuvent. Pour être prête, il faut planifier les impondérables.

Pour une femme qui a la double responsabilité d'une famille et d'une carrière, apprendre à faire cela représente la différence entre le chaos et le calme. Que ferez-vous si, le jour où vous devez faire une importante présentation au bureau à 8 h 30, votre fille se souvient qu'elle a besoin d'un cahier spécial qu'elle ne peut trouver que dans une seule boutique, qui n'ouvre pas avant huit heures? Que ferez-vous si au beau milieu d'une importante réunion vous recevez un appel téléphonique de la garderie pour vous dire que votre enfant a de la fièvre? Que ferez-vous si votre auto décide qu'elle ne fonctionne plus? Ou encore si votre fille veut s'engager dans de longues études médicales? Ou si vous et votre conjoint devez prendre votre retraite plus tôt que prévu? C'est dans ce genre de circonstances qu'*impondérables* prend une signification énorme dans l'esprit et la vie d'une gestionnaire familiale. C'est pourquoi il faut savoir conjuguer la vie en deux temps : agir au présent tout en planifiant le futur.

Dans chaque secteur, ce genre de planification diminue le stress et épargne du temps. Par exemple, ayez toujours prêt un ensemble de vêtements propres pour votre enfant au cas où vous ayez une sortie importante à faire mais que vous n'ayez pas eu le temps de faire le lavage; ou des plats préparés au cas où vous travailliez tard au bureau et n'ayez pas le temps de cuisiner les fajitas que vous aviez prévues au menu. Déposez des économies dans un compte spécial, réservées aux coups durs. Ayez des cadeaux en réserve dans un placard au cas où vous oublieriez que c'est l'anniversaire d'un ami, ou que l'un de vos enfants vous mentionne, une heure avant d'assister à une fête, que c'est celui d'un de ses amis. Assurez-vous que quelqu'un peut aller chercher votre enfant s'il tombe subitement malade et que vous êtes retenue au bureau.

2. *Prévoir tous les détails.* Une autre façon de planifier en fonction de scénarios est d'étudier le calendrier d'activités de votre famille et de visualiser toutes les étapes nécessaires pour qu'un événement prévu se déroule de la façon idéale.

Nous avons un ami qui a été organisateur du président George Bush. Sa fonction consistait à se rendre dans une ville quelques jours avant que le président ne la visite et de s'assurer que rien ne cloche, même dans les plus petits détails, et que la visite du président se déroule sans aucune anicroche. Les gestionnaires familiales remplissent exactement le même rôle, pour tous les événements familiaux, petits ou grands. Quelque chose d'aussi simple qu'une sortie avec votre mari le week-end prochain exige que vous prévoyiez les détails. Vous devez recueillir des informations. À quelle heure serez-vous tous deux de retour du travail ? Qu'avez-vous envie de manger ? Voulez-vous aller au cinéma ? Si oui, quel film aimeriez-vous voir tous les deux et à quelle heure est la projection ? Vous devez ensuite décider qui s'occupera de trouver une gardienne, ce que les enfants mangeront ce soir-là et ce qu'ils feront de leur soirée. Vous pourriez aussi songer à faire des réservations au restaurant ou à prendre les billets pour le cinéma d'avance, si c'est une première ou un film très populaire.

Organiser les vacances familiales requiert énormément de préparation, et tous les membres de la famille peuvent souvent faire leur part : recueillir de l'information sur les endroits que vous aimeriez visiter ou sur les coûts du transport et des hôtels, établir un budget pour les vacances, trouver ou acheter les vêtements et l'équipement nécessaires, faire des réservations au chenil pour les animaux domestiques, faire faire la mise au point de votre automobile si vous conduisez, faire les valises, faire interrompre la livraison du journal, dire à vos voisins combien de temps vous serez partis et comment on peut vous joindre…

3. *Écrire le scénario.* Quand des entreprises dynamiques lancent un nouveau produit, elles savent qu'il est primordial que tous les employés, de la comptabilité à la production en passant par le service de mise en marché, soient impliqués. Elles savent aussi que le succès réside dans les détails. Elles demandent donc à des représentants de chaque service de se réunir et d'écrire le scénario, c'est-à-dire de prévoir tout ce qui se produira dans l'entreprise pendant qu'on lancera le nouveau produit. Par exemple, des ressources supplémentaires seront-elles nécessaires en recherche et développement, en marketing, au service de l'expédition ?

Les gestionnaires familiales ne lancent habituellement pas de nouveaux produits, mais elles peuvent aussi planifier des scénarios pour pouvoir réaliser leurs rêves. Qu'avez-vous écrit sur votre Liste de rêves au chapitre 2 ? Quels sont les scénarios possibles ? Songez-vous, par exemple, à rénover votre cuisine ou votre salle de bains, deux entreprises qui, c'est bien connu, produisent du stress et se heurtent souvent à de nombreux écueils ?

Il est certain que pour réaliser ce genre de projet la famille se réunira plusieurs fois pour discuter de ce que chacun souhaite pour ces pièces. Vous examinez des plans et étudiez les maté-riaux. Vous établissez un budget et des échéances. Vous décidez ce que vous ferez vous-mêmes et ce que vous confierez à des professionnels. Vos filles suggéreront peut-être d'installer deux lavabos pour pouvoir partager la salle de bains. Votre fils étoile de basket-ball désire peut-être des comptoirs plus hauts dans la cuisine. Il est possible que vous décidiez que cela ne sera pas pratique pour votre fille de sept ans et proposiez plutôt un meuble de boucher un peu plus haut que la norme pour que votre fils puisse préparer confortablement ses célèbres sous-marins.

Au fur et à mesure que le projet progresse, prenez en note les résultats de vos réunions. Dans une chemise, conservez vos échantillons de couleurs, les devis et les changements de dernière minute.

En somme, la planification par scénario, c'est la stratégie qui permet de se rendre là où l'on veut aller. C'est visualiser l'avenir, que ce soit pour élaborer le meilleur scénario possible

Pensez en fonction du futur

- Commencez à faire des économies et à vous renseigner en vue de cette croisière que vous souhaitez faire pour votre dixième anniversaire de mariage qui aura lieu dans trois ans.
- Notez sur votre calendrier tous les anniversaires un mois d'avance. Commencez tôt à préparer les fêtes et à acheter cadeaux et décorations.
- Conservez au bureau des menus de mets à emporter de telle sorte que vous pourrez commander juste avant de partir et prendre le repas en rentrant à la maison.
- Quand vous prenez un rendez-vous, notez le numéro de téléphone de la personne sur le calendrier pour ne pas avoir à le chercher si vous modifiez vos plans.
- Si vous avez de petits enfants, conservez toujours dans l'automobile des couches, un rouleau d'essuie-tout, des vêtements de rechange et des contenants en plastique remplis de collations.
- Faites prendre, durant l'été, des photos des enfants et commandez des agrandissements pour les donner aux grands-parents à Noël.
- Commencez à planifier les vacances d'été dès le mois de mars.
- Regardez votre calendrier au début de chaque mois et réservez la gardienne pour toutes les journées prévues pour des sorties.
- Décidez en novembre ce que vous porterez durant les fêtes. Faites nettoyer ou repriser vos vêtements à ce moment-là.
- Conservez des vêtements et des accessoires au bureau en cas de réunions ou de sorties imprévues. (La probabilité que cela se produise s'accroît le jour où vous allez travailler en jeans parce que vous avez décidé de faire un peu de ménage.)

ou pour pouvoir faire face à toute situation hypothétique. Autrement dit, c'est conjuguer la vie au présent et au futur.

J'ai lu récemment que les entreprises performantes ne se contentent plus de ne planifier qu'une fois par année, durant une réunion où une foule de personnes parlent de ce qui va arriver d'ici cinq ans. Dans ces entreprises, la planification est un processus qui dure 365 jours par année et qui implique tout le personnel. Les gens étudient la situation présente et envisagent plusieurs scénarios, certains pour le lendemain et d'autres pour la décennie.

Vivre à la fois dans le présent et dans le futur vous aidera à obtenir des résultats similaires tout en assurant la stabilité à votre famille pendant que, tous ensemble, vous progresserez, bien préparés et confiants. De plus, vous aurez l'immense plaisir de voir vos rêves devenir réalité.

Pour conserver votre équilibre

- Vous pouvez mieux planifier chaque journée si vous êtes consciente de ce que l'avenir peut réserver.
- Vivre au présent et au futur en même temps ne sera peut-être pas également facile pour les deux conjoints.
- Des blocs de cinq minutes constituent un trésor. Utilisez-les.
- La rédaction d'une Liste de cibles constitue la première étape pour organiser les besoins d'aujourd'hui et de demain.
- La planification par scénario peut faire la différence entre le chaos et le calme.
- Planifier n'est pas un exercice hebdomadaire, mensuel ou annuel, c'est une tâche quotidienne.

5

Une équipe qui fonctionne
pour le bien de tous

*Une main-d'œuvre peut endurer plus
d'une souffrance si elle croit aux objectifs à long terme.*

Richard BELOUS

Bill et moi songeons à apprendre à faire de la voile. Un de nos objectifs à long terme est de posséder un voilier, mais nous n'en sommes toujours qu'à l'étape du rêve. Je lis des magazines pleins de termes techniques qui ne me sont pas familiers. On y fait référence, par exemple, à la façon de faire le point par deux relèvements. Eh bien, j'ai découvert que cette technique pouvait être utile en gestion familiale.

Il s'agit en fait d'une très ancienne technique de navigation. Vous pouvez localiser un point inconnu en formant un triangle avec deux points connus et le point inconnu comme sommet. Si vous savez où sont les deux points et que vous formez un triangle, le troisième ne peut être qu'à un seul endroit. La clé, c'est de commencer avec les deux points connus. Vous pourrez ensuite trouver le troisième.

Imaginez que la surface du triangle reproduit à la page suivante représente un projet ou une tâche, quels qu'ils soient. Par exemple, disons que c'est le travail de nettoyage de la semaine que vous et votre famille avez décidé de faire. L'attente ou plutôt la destination a été déterminée : on nettoiera la maison une fois par semaine. Mais vous ignorez comment atteindre votre but. Il y a plusieurs façons de nettoyer une maison une fois par semaine. Une d'entre elles est que vous, la gestionnaire familiale, vous chargiez de cette tâche. Vous pouvez aussi engager une femme de ménage.

Figure 1

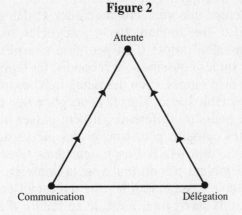

Une fois que ces deux points sont posés, vous pouvez vous diriger vers votre destination : le nettoyage de la maison une fois par semaine.

Figure 2

Et il y a ma manière favorite : communiquer avec chacun, déléguer des responsabilités à tous ceux qui sont suffisamment âgés pour ne pas manger le torchon, et atteindre votre destination.

Oui, il y a une partie du nettoyage qu'un tout-petit peut effectuer. Je connais une femme dont la petite fille a commencé à l'aider à nettoyer la salle de bains dès l'âge de deux ans et demi. L'enfant aimait jouer dans l'eau et être près de sa mère. La mère a donc acheté un produit nettoyant non toxique (une bonne idée peu importe l'âge) et la fillette nettoyait la baignoire. Mes enfants pensent qu'ils sont chanceux que je n'aie pas entendu cette histoire alors qu'ils étaient petits. Ils n'ont pas eu à laver la baignoire, mais ils ont nettoyé les portes des armoires de la cuisine. Je leur mettais des bas dans les mains et ils nettoyaient. Ce n'était pas très efficace, mais cela leur apprenait qu'ils étaient membres de l'Équipe de nettoyage de la famille Peel et les préparait à accepter des travaux plus astreignants au fur et à mesure qu'ils vieillissaient.

Une fois déterminée votre méthode par la communication (chez nous, c'est le travail en équipe), il vous faut déléguer de façon appropriée. Cela requiert le troisième point du triangle : l'attente. Vous devez discuter très précisément des tâches à remplir. Qui veut faire telle chose? Qui est bon dans tel domaine? Qui vérifiera qu'aucun produit ne manque? Qui s'assurera que les objectifs sont atteints?

En même temps que vous communiquez et déléguez, vous devrez peut-être «recommuniquer», renégocier vos attentes. Pour vous, un salon propre c'est peut-être une pièce où tout est à sa place, où les coussins sont rebondis, les tapis nettoyés, les magazines bien rangés, et où des fleurs fraîches trônent dans un vase sur une table basse. Mais la conception de votre enfant de dix ans est peut-être différente : il peut passer une heure à fouiller sous les coussins pour trouver des pièces de monnaie et autres trésors, et à passer l'aspirateur dans le centre de la pièce, en ne semblant pas du tout voir la poussière qui moutonne sous la table basse et tout le reste qui est à l'envers.

L'objectif de la navigation c'est de se rendre d'un point à l'autre. On peut dire la même chose de la réalisation d'un projet. Et si vous êtes consciente des deux premiers points, vous trouverez le troisième. Parfois, cependant, des problèmes imprévus surgissent. Problèmes de communication ou de délégation. Par exemple, vous pensez peut-être que vous avez bien dit à tout le monde que le prochain samedi serait consacré à une grosse journée de travail dans la cour arrière, mais un de vos adolescents n'a pas très bien compris et a fait des projets pour sortir avec des amis. Vous faites face à la situation illustrée par la figure 3.

Figure 3

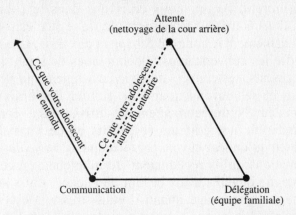

C'est comme si la communication avait fait un virage à gauche. Il n'y a plus de point de rencontre qui vous permette de réaliser votre objectif.

Dans ce chapitre, nous allons parler de stratégies permettant de combiner dans un même triangle la communication, la délégation et les objectifs (l'attente). C'est ainsi que votre famille réussira à travailler en équipe et qu'elle pourra réaliser à peu près tout ce qu'elle souhaite. Je crois, et vous le découvrirez aussi, qu'on apprend beaucoup quand on s'engage en famille dans de nouveaux défis.

Si vous ne réussissez pas du premier coup...

Il y a quelques années, Bill et moi avons décidé de partager le même espace de travail. Cela semblait sensé... en théorie. Nous épargnions le double coût du loyer et de l'équipement de bureau. Nous serions ensemble quand des projets communs demanderaient que nous en discutions. Nous pourrions partager nos responsabilités parentales et financières. Quand un d'entre nous devrait s'absenter ou mettre les bouchées doubles pour respecter une échéance, l'autre pourrait s'occuper de la maison et des enfants. Cet arrangement semblait parfait.

Mais la réalité nous réveilla brutalement. Tous ces sentiments amoureux qui nous unissaient quand nous travaillions dans des lieux séparés semblèrent disparaître comme par magie. Soupirs profonds, lèvres serrées, grognements destinés à l'autre se multiplièrent. Avant, nous écrivions dans le calme. Nous contrôlions notre environnement physique ou électronique.

Soudainement le contrôle échappait aux deux. Chacun devait entendre les conversations téléphoniques de l'autre, ses marmonnements, ses conversations avec des gens qui venaient au bureau et ses jurons quand un fichier disparaissait dans l'ordinateur. Notre équipement ne suffisait pas à répondre aux demandes de nos éditeurs respectifs ou de journalistes qui voulaient qu'on leur envoie par télécopieur, *immédiatement*, les informations qu'ils réclamaient. Je m'attendais à ce que Bill comprenne quand j'avais besoin de silence. Lui s'attendait à ce que je l'encourage quand il était stressé. J'espérais qu'il comprenne l'importance pour moi d'avoir un joli bureau, ce qui était à peu près impossible puisque la partie qu'il occupait ressemblait à un lieu ravagé par une explosion. Pire encore, Bill espérait que je comprenne son travail et que je trouve prioritaire de l'aider, et j'espérais la même chose de lui. La question ne tarda pas à se poser : est-ce qu'un couple amoureux et compréhensif peut se transformer en monstre à deux têtes qui s'autodétruit et détruit les siens ?

Nous croyons que la réponse est probablement affirmative. Il y eut même des occasions où nous aurions casser un de nos enfants en deux s'il s'était présenté dans le bureau avec une demande aussi farfelue que : «Il est déjà sept heures. Est-ce qu'on mange, ce soir?» Alors, avant de nous retrouver aux urgences ou en cour pour un divorce, nous avons décidé de faire des changements.

En combinant nos bureaux, nous pensions économiser, augmenter notre créativité dans les projets communs et trouver une flexibilité qui nous permettrait de répondre aux besoins de nos fils. Non seulement ces attentes semblaient-elles raisonnables et rentables pour les deux, mais elles l'étaient en réalité. Le seul problème c'est que nous n'avions pas situé précisément les deux autres sommets du triangle. Bien que nous ayons été mariés depuis vingt-deux ans et que nous connaissions les avantages de la communication, nous n'avions pas réussi à bien définir tous les détails. Nous ne nous étions pas entendus sur nos responsabilités respectives. Les très grandes divergences qui existaient entre nous autant sur les responsabilités que sur la manière d'en parler nous conduiraient à une explosion si nous n'agissions pas rapidement.

Quand nous ne satisfaisons pas les attentes de l'autre, la tension monte, les caractères s'enflamment. Les mots fusent et blessent comme des flèches. Heureusement, avec les années, nous avons appris qu'il faut s'asseoir, se servir de sa tête et parler des problèmes qui couvent sous la tension extérieure. Le fond du problème, en tout cas, est toujours très simple et peut se résumer en deux mots : attentes présumées.

Selon moi, Bill reléguait mes envies de beauté et d'ambiance plaisante dans le dossier «Non propriétaire». Cette pensée me rongeait. *Ce qui est important pour moi ne l'est pas pour lui, donc, je ne suis pas importante. Pourquoi ses envies sont-elles plus importantes que les miennes? Est-ce que je n'aide pas à payer l'hypothèque de ce bureau?* Et ainsi de suite jusqu'à ce qu'on puisse couper la tension au couteau. Un jour, il me regarda un peu de travers et, les yeux pleins d'eau, je lui lançai en bafouillant les présomptions que j'entretenais dans mon for intérieur. Je l'accusai de ne pas tenir compte de mes sentiments et d'agir comme s'il était seul dans la pièce.

Quant à lui, Bill trouvait que je vivais dans une bulle et que je n'étais pas préoccupée par ce qui était important, c'est-à-dire terminer des travaux, et non créer de l'ambiance. Il exprima ainsi son point de vue : «Ton espace de travail et tes besoins ne sont pas les seuls qui importent. Tu agis comme si c'était le cas. *(Tiens, tiens, j'ai déjà entendu ça.)* Tu t'attends à ce que j'abandonne instantanément ce que je fais pour t'aider à trouver un dossier, à arranger le papier du télécopieur ou à installer une jolie affiche sur un mur. Et mon travail, lui! J'ai besoin que tu m'aides.»

Le début de la paix commence toujours par la fin de la guerre. Nous étions donc sur le bon chemin malgré cette discussion tendue. Avec le temps, notre bureau devint un peu moins un lieu d'affrontement et un peu plus un endroit pour négocier. Il nous fallait apprendre comment exprimer nos attentes respectives et à faire des petits compromis pour pouvoir les satisfaire. Nous devions tous les deux participer à transformer le bureau en un endroit qui favorise la productivité, et tous les deux nous efforcer à demeurer détendus et souples. Et il fallait en faire une entreprise commune, comme notre mariage. Alors, quand je dis à Bill que je vais rencontrer un journaliste dans une autre pièce pendant qu'il tente de respecter une échéance, je le fais. S'il a besoin de discuter avec des collègues, je m'arrange pour ne pas écrire à ce moment-là et je sors pour faire autre chose.

Encore une fois, tout cela semble raisonnable en théorie. Et la paix et la stabilité s'installèrent... pour un certain temps. Le bureau fonctionna en douceur jusqu'à ce que les inévitables conflits d'horaires, les délais différents, la somme de travail des deux, les responsabilités multiples à l'égard des enfants et les pressions du monde extérieur viennent miner le solide édifice que nous avions érigé. Nous avons rapidement appris que deux options s'offrent à nous quand des changements surviennent et qu'il faut modifier le parcours. On peut se mettre en colère parce que nos attentes ne sont pas satisfaites et qu'on a l'impression que l'autre nous laisse tomber. Qu'on exprime sa frustration verbalement ou physiquement, les effets sont les mêmes : mauvaises conditions de travail et peu de travail exécuté. Ou on peut décider de rapidement faire ce qu'il faudra bien faire de toute manière : communiquer. Nous devons accepter que les choses ont changé et qu'il faut à nouveau négocier.

Des années d'expérience consacrées à assouplir les difficultés, autant au travail qu'à la maison, nous ont permis de développer une stratégie pour ce genre de discussions délicates mais nécessaires. Il faut :

- Bien identifier le sujet ou le conflit.
- S'attaquer au problème, pas à la personne.
- Négocier d'une façon altruiste (et découvrir ainsi la joie de faire passer les autres avant soi).
- Écouter ce que l'autre personne dit et ne dit pas.
- Se mettre d'accord sur un plan d'action.
- Tester le plan.

- Souligner les progrès. («Bill, j'apprécie beaucoup que tu n'utilises pas la fonction "mains libres" du téléphone quand je rédige.» Ou «Merci, Kathy, d'avoir tenu ta réunion avec Nancy dans une autre pièce. J'ai pu terminer mon travail à temps.»)
- Réévaluer et négocier selon les besoins (ce qui, dans notre cas, signifie souvent).

Les attentes

Bien sûr, beaucoup de femmes ont tendance à vouloir tout faire. Vous pouvez être tentée, comme je l'ai été dans le passé, d'être tout à la fois Supermaman, Reine de la cuisine, Ménagère par excellence et Femme d'affaires de l'année. Je n'ai tout simplement pas réussi. Je me suis rendue misérable et j'ai rendu ma famille misérable avec toutes mes idées préconçues sur la façon dont devaient fonctionner ma maison et ma famille. Notez bien les adjectifs possessifs à la première personne du singulier : ma, ma, ma. Cela faisait partie du problème. Je voulais que la vie familiale se déroule à ma manière, même si je ne possédais pas les ressources nécessaires pour tout accomplir seule, même si (c'est tellement plus facile à dire après qu'avant) d'autres personnes vivaient dans cette maison et avaient elles aussi le droit d'exprimer leurs idées.

Souvent les femmes veulent tout faire à leur façon parce que c'est ainsi qu'on les a élevées. Certaines femmes fondent leur estime de soi sur le fait d'être capables de dire : «J'ai repassé toutes les chemises, j'ai nettoyé toute la maison, je gagne notre pain quotidien, et je le fais cuire.» Tant mieux pour elles si elles ne sont pas complètement épuisées, si leur famille n'en souffre pas et si elles ne jouent pas aux martyres dans leur petit téléroman familial.

Il est bien connu en affaires que les travailleurs qui adoptent comme leurs les objectifs de l'entreprise ont plus à cœur qu'ils se réalisent. Et une bonne manière de s'assurer qu'il en soit ainsi, c'est de les faire participer à la définition de ces objectifs.

Donc, commencez avec les attentes. Qu'est-ce que chacun des membres de la famille désire, que cela concerne les relations personnelles, ou leur envie de manger tous ensemble la plupart des soirs, ou le fait que tous soient habillés proprement? Vous comprenez le principe.

Si vous avez de la difficulté à vendre aux membres de votre votre famille l'idée de travailler en équipe, c'est probablement parce qu'ils pensent que vous voulez de l'aide pour faire les choses à votre manière et satisfaire vos propres attentes. Vous devrez alors repenser vos façons de faire. Quels sont les buts de votre mari, et ceux de vos enfants? Comment travailler en équipe pourrait-il contribuer à ce que les objectifs de chacun soient atteints? Trouvez des moyens pour harmoniser les attentes de chacun avec le but commun, qui est celui d'une maison qui fonctionne bien. Tous les membres de la famille voudront alors contribuer à l'atteinte de l'objectif. Par exemple : «Si tu laves les serviettes, nous irons ensuite acheter une étagère pour tes trophées.»

La communication

Dans notre famille, maintenir la paix commence par maintenir ouverte la ligne de communication. Car une attente non exprimée est un désir qui ne se réalisera pas. Et si tous les membres de la famille n'ont pas voix au chapitre, le processus de délégation sera un échec.

Si Bill et moi avions été capables de communiquer plus tôt et plus clairement, nous aurions peut-être pu éviter une partie du temps d'ajustement qu'il nous a fallu pour partager harmonieusement notre bureau. Admettons cependant que certains problèmes de communication, certaines querelles sont inévitables et qu'il faut s'adapter.

La gestion familiale, comme toute bonne gestion, n'a rien à voir avec des patrons autocratiques qui imposent de haut des normes arbitraires. Il s'agit au contraire de partager des responsabilités, d'aider chaque personne à trouver sa place et de donner à chacun le pouvoir de réussir. Tout le monde a son mot à dire.

Parfois ce sont des inquiétudes qu'on exprimera. Il existe beaucoup de similitudes entre une entreprise et une famille. Ainsi, dans les deux cas, quand les gens font face à des possibilités de changement, ils ressentent, peu importe leur âge, les mêmes angoisses. Voici le type de questions qu'ils se posent :

- Quels seront les effets des changements et pourquoi la situation actuelle n'est-elle plus acceptable ?
- Comment ces changements vont-ils les affecter indivi-duellement ? Vont-ils en profiter ? Où trouveront-ils le temps pour les implanter et ont-ils les habiletés néces-saires pour le faire ?
- Quelle devra être la première étape, la deuxième, la troi-sième ? Combien de temps cela prendra-t-il ?
- L'effort en vaudra-t-il la peine ? Les changements vont-ils faire une différence ?
- Qui d'autre sera impliqué ? Comment le travail sera-t-il partagé équitablement ?

Toute gestionnaire familiale doit permettre aux membres de la famille d'exprimer leurs sentiments sur ce qui se produit. N'oubliez pas qu'au début ils vont peut-être se concentrer sur le travail additionnel qu'on leur demande ou sur ce qu'ils devront abandonner. Les gens ne peuvent s'adapter qu'à une certaine quantité de changements à la fois. Ils peuvent faci-lement se sentir dépassés et paralysés. Alors soyez patiente.

La délégation

Selon une étude réalisée à l'université Harvard, les hommes qui ont grandi durant la crise des années trente et qui ont dû faire de nombreux petits travaux à la maison ont été en meilleure santé, plus heureux, et ont eu une carrière plus réussie et une vie familiale plus épanouie que ceux qui n'ont rien fait. Les chercheurs pensent que l'accumulation de petites réussites durant leur jeunesse a poussé ces hommes à accepter des défis de plus en plus exigeants, contribuant ainsi à augmenter leur confiance en soi et leur sens des responsabilités.

Dans mon esprit, travailler en équipe avec son mari et ses enfants a d'autres avantages, ne serait-ce que permettre de mieux connaître ses enfants. Et quand les difficultés

Comment les enfants peuvent aider

Les enfants d'âge préscolaire peuvent :
- Faire leur lit.
- Plier serviettes et débarbouillettes.
- Ranger les vêtements dans les tiroirs.
- Ramasser les jouets.
- Nettoyer le devant des gros électroménagers avec un pulvérisateur rempli d'eau et une éponge.
- Nourrir les animaux domestiques.
- Assortir les bas après le lavage.
- Nettoyer les légumes.

Les enfants qui fréquentent la maternelle peuvent faire tout cela et aussi :
- Passer un aspirateur à main sur de petites surfaces.
- Balayer l'entrée.
- Ranger les plats en plastique dans une armoire basse.
- Épousseter les meubles.
- Frotter les fenêtres (que vous avez lavées) avec un chamois pour qu'elles soient brillantes.

Les enfants du début du primaire peuvent faire tout cela et aussi :
- Sortir les ordures.
- Balayer les escaliers et les trottoirs.
- Nettoyer l'automobile.
- Passer l'aspirateur dans leur chambre.
- Trier et ranger les jouets.
- Vider le lave-vaisselle.
- Trier les vêtements avant le lavage.
- Nettoyer les meubles du jardin.
- Arroser le jardin.
- Mettre la table et desservir.

Les enfants de la fin du primaire peuvent faire tout cela et aussi :
- Nettoyer les miroirs de la salle de bains.
- Passer l'aspirateur dans la plupart des pièces.
- Nettoyer la cuvette des toilettes.
- Nettoyer les comptoirs et l'évier de la cuisine.
- Passer la vadrouille sur de petites surfaces de plancher.
- Plier presque toute la lessive et la ranger.
- Arracher les mauvaises herbes.
- Ranger les emplettes.
- Préparer leur propre goûter pour l'école.
- Ramasser les feuilles.

Les enfants du début du secondaire peuvent faire tout cela et aussi :
- Laver les fenêtres.
- Repriser les vêtements.
- Couper le gazon.
- Laver l'automobile.
- Changer les draps.
- Laver leurs vêtements.
- Nettoyer la baignoire.
- Pelleter la neige.

Les enfants de la fin du secondaire peuvent faire tout cela et aussi :
- Nettoyer le réfrigérateur.
- Dégeler le congélateur.
- Nettoyer et ranger le grenier, le garage, le sous-sol.
- Faire de gros travaux dans la cour.
- Nettoyer de petits appareils électriques.
- Cirer l'automobile.
- Apprendre à réparer et à entretenir l'automobile.
- Préparer le souper.

surviennent, et cela se produira, il ne faut jamais oublier qu'en enseignant aux enfants à effectuer certains travaux nous les aidons à devenir des gens plus autonomes, soucieux des autres et conscients de la valeur du travail en équipe. En fait, nous rendons un grand service à leurs futurs conjoints, à leurs futurs patrons et collègues en les laissant prendre soin d'eux-mêmes.

Chacun de nous dispose d'une quantité limitée de temps, de talents et de ressources. Quand vous déléguez, vous dites en fait : «Il y a tout cela à faire, mais je ne peux tout faire seule.» En déléguant, vous réservez votre temps et votre énergie pour des tâches que vous êtes seule à pouvoir accomplir. Dressez une liste de tout le travail que vous faites, puis posez-vous les questions suivantes :

- Quels travaux doivent absolument être faits?
- Quels travaux devraient être faits?
- Quelqu'un d'autre pourrait-il s'en charger?

Songez à déléguer ou à abandonner les tâches qui pourraient être faites par d'autres.

Au fur et à mesure que votre équipe exprimera ses attentes et communiquera vraiment, la délégation deviendra presque automatique. Mais vous devrez sans doute d'abord les convaincre que travailler en équipe est une bonne idée.

Vendre l'idée du travail en équipe à votre famille

Cinq vérités sur le travail d'équipe d'un couple

Avant que vous puissiez convaincre votre famille de travailler en équipe, votre mari et vous devez démontrer ce que c'est que de travailler ensemble. Cela peut être plus facile pour certains couples que pour d'autres. Si vous avez besoin d'un peu d'aide, voici quelques pistes de réflexion.

1. *L'homme et la femme qui regardent une même situation ont tendance à voir des choses différentes.* Les hommes ont souvent tendance à se concentrer sur une seule chose et à ne pas voir l'environnement, ce dont les femmes sont très conscientes.

Si votre mari ne vous aide pas beaucoup, ce n'est pas nécessairement parce qu'il ne vous aime pas, mais tout simplement parce qu'il ne voit pas ce qui doit être accompli. En discutant de votre travail en équipe, dites tout de suite que vous n'avez pas l'intention de tout décider ni de vous transformer en une sorte de Madame Nette qui suit son mari à la trace pendant qu'il nettoie.

2. *La culpabilité motive peu.* La culpabilité ne produit rien et souvent envenime les situations. Au lieu de culpabiliser votre conjoint en insistant sur ce qu'il ne fait pas, dites-lui combien vous appréciez ce qu'il fait déjà pour vous aider. Puis ajoutez que vous aimeriez que toute la famille travaille ensemble. Faites appel à son sens de l'équité. Parlez une langue qu'il comprend : utilisez des analogies sportives ou des comparaisons avec son travail. En fait, les hommes ont tendance à comprendre relativement bien le concept de travail collectif.

3. *La raison, et non pas l'émotion, capte l'attention de l'homme.* Ne l'approchez pas lorsque vous êtes de mauvais poil et épuisée. Dressez une liste de toutes les tâches à effectuer, puis un soir où vous êtes tous les deux détendus, passez à travers la liste en sa compagnie. Expliquez-lui vos dilemmes et demandez son avis sur la meilleure manière d'embarquer toute la famille dans cette aventure «amusante». Expliquez votre logique clairement : c'est bon pour les enfants d'avoir la responsabilité d'aider dans la maison, et malsain s'ils n'ont aucune responsabilité. Dites-lui comment les choses vont marcher tellement mieux et comment vous aurez ainsi plus d'énergie pour d'autres activités. Écoutez autant que vous parlez.

Peut-être que vous ou votre mari commencez un nouvel emploi, ou installez votre bureau à la maison, ou avez un nouvel horaire de travail. Peut-être un nouveau membre est-il venu s'ajouter à la famille, un bébé, un parent âgé. Peut-être que les membres de la famille sont de plus en plus occupés, commençant à vivre chacun dans leur propre univers, et que vous voulez recréer une certaine unité familiale. Toutes ces situations requièrent des changements dans vos façons de faire. Il vous faut établir une stratégie. Peu importe le besoin, développer un esprit d'équipe est fondamental. Assurez-vous de l'appui de votre mari pour que la transition se fasse en douceur.

4. *Demander est plus profitable qu'ordonner.* Après une entrevue à la télévision sur la gestion familiale et le travail d'équipe, le producteur de l'émission, lui aussi mari et père de trois enfants, me révéla le secret du succès de sa femme. «Elle me donne des choix, dit-il. Les hommes n'aiment pas qu'on leur dise quoi faire, surtout si ce sont des choses qu'ils n'aiment pas faire ou pour lesquelles ils se sentent peu doués. Le samedi, ma femme me donne une liste d'une vingtaine de petits travaux qui doivent être réalisés et elle me demande d'en choisir une dizaine. De cette façon, je peux choisir ce que je pense pouvoir faire adéquatement.»

5. *Il doit savoir que vous faites partie de son équipe avant de joindre la vôtre.* Les hommes et les femmes qui demandent à l'autre de satisfaire leurs besoins en premier sont toujours perdants. Ne vous gênez pas, demandez-lui de l'aide pour diminuer votre fardeau, mais assurez-vous de contribuer vous aussi à lui faciliter la vie. Votre demande aura alors beaucoup plus de poids.

Accentuer le positif

N'oubliez pas que vous essayez de vendre l'idée du travail d'équipe, d'abord à votre mari, puis à vos enfants. Quand nous achetons quelque chose, nous nous demandons toujours ce que le produit va nous apporter. «Quel avantage vais-je en retirer?» Voilà une question raisonnable que tout membre de la famille devrait pouvoir poser.

Soyez réaliste. Personne n'aime acheter un produit d'un vendeur qui lui attribue des vertus fantaisistes ou exagérées. Parfois, un des avantages de la délégation est indirect : si tout le monde participe aux tâches domestiques, maman sera moins fatiguée et il y aura moins de conflits. Parfois, les avantages se font sentir à long terme, un peu comme quand on prend des vitamines tous les jours. Les enfants peuvent ne pas comprendre immédiatement l'utilité pour eux d'apprendre à faire la cuisine (encore que, après quelque temps, il est probable qu'ils découvrent la satisfaction de posséder une nouvelle habileté). Mais croyez-moi, quand ils vivront seuls, comme mon fils John aujourd'hui, ils apprécieront pleinement l'avantage que cela représente. Et parfois, bien sûr, les avantages sont immédiatement évidents. Ils se rendront compte que vous pouvez les amener au musée le samedi après-midi s'ils vous aident à faire le ménage le samedi matin. Et parce que l'ordre règne dans leur chambre, ils n'auront pas de difficulté à trouver leurs souliers !

Organiser un atelier de gestion familiale

Les entreprises organisent des séminaires et des ateliers pour diverses raisons : pour enseigner à leurs employés de nouvelles techniques, pour coordonner le lancement d'un nouveau projet et pour donner l'occasion aux employés appelés à travailler de près ensemble de mieux connaître leurs forces et leurs faiblesses afin de former une équipe plus solide. Bien sûr, les membres de votre équipe familiale se connaissent bien. Mais si vous tentez d'implanter votre concept de travail en équipe ou encore si vous prévoyez entreprendre un projet important, comme déménager dans une autre ville ou changer radicalement la vie de la maison, réserver un week-end pour tenir un séminaire familial peut s'avérer extrêmement productif.

1. *La planification.* Préparez une liste des sujets qui seront étudiés durant votre «séminaire». Prenez des avis ; montrez dès le départ que votre famille fonctionne comme une démocratie et que chaque personne est importante. Suscitez de l'intérêt en promettant des surprises, des goûters appétissants, des loisirs et des prix pour récompenser la participation. Vous pourriez peut-être tenir votre séminaire ailleurs que chez vous, dans un endroit où vous pourrez créer une ambiance de retraite. Vous pourriez louer un chalet, ou aller camper.

Assurez-vous d'avoir tout le nécessaire : de grandes feuilles de papier et des feutres gras pour la séance de remue-méninges, un cahier pour le ou la secrétaire de la réunion, les vêtements et l'équipement sportifs appropriés pour tous, des livres pour les pauses, des jeux, etc. Dans l'esprit du travail en équipe, vous pouvez aussi demander à chacun d'être responsable d'une partie des besoins matériels pour le séminaire.

Durant la première réunion, tentez de ne couvrir qu'un ou deux sujets. Le but final sera d'évaluer ce que pourra accomplir l'équipe dans chacun des sept secteurs de la gestion familiale. Mais sept secteurs, c'est beaucoup de terrain à couvrir. Alors, encore une fois, soyez patiente. Il y aura toujours un autre jour.

2. *La réalisation.* Peu importe l'endroit où se tient votre réunion, débranchez les téléphones, y compris les cellulaires. Pendant que vous êtes là, jouez à un de vos jeux préférés ou encore à un nouveau jeu et discuter de la manière dont vous jouez ensemble. C'est un bon exercice pour susciter un esprit d'équipe. Qui a l'esprit de compétition le plus poussé? Qui aime jouer avec un partenaire ou en équipe? Qui préfère jouer seul?

Une autre manière de débuter est de rédiger une liste de souhaits, à laquelle vous reviendrez périodiquement. Encore une fois, encouragez tout le monde à participer. Une telle liste pourrait ressembler à celle-ci :

- Je veux que le lavage soit plié et rangé dès qu'on le sort de la sécheuse, et non qu'il reste empilé durant deux jours sur le sofa.
- Je veux que la cuisine soit nettoyée chaque jour.
- J'aimerais être à peu près certain, quand j'invite des amis à la maison le vendredi soir après le match, que nous ayons des choses à grignoter.
- J'aimerais, quand j'entre dans la salle de séjour, ne pas voir des bas sales traîner sur le plancher.
- J'aimerais que le chien ait une meilleure odeur.
- J'aimerais que les salles de bains soient nettoyées une fois par semaine.
- J'aimerais disposer d'un endroit où je peux travailler sur mes modèles réduits.
- Je ne veux pas faire le cuisine chaque soir.

Jusqu'à quel point chaque membre de la famille pourra participer dans le système de tâches partagées dépendra de leur âge, de leurs habiletés et de leurs intérêts. Donc, discutez des choses à faire et des meilleures personnes pour les exécuter.

Pour la partie «officielle» de votre séminaire, désignez un ou une responsable du procès-verbal. Si vous discutez d'un sujet spécifique, comme qui fera le lavage ou comment faire le ménage de la maison, échangez des idées pendant que le ou la secrétaire prend des notes.

Déterminez une liste maîtresse des tâches à accomplir. À la maison, vous la mettrez à un endroit où tout le monde peut la voir. Faites en sorte que la répartition des tâches soit précise et réaliste. «Fais de ton mieux» ou «Donne un coup de main un peu plus souvent» sont des consignes trop vagues. Expliquez les travaux réservés aux enfants de la façon la plus détaillée possible. Par exemple : «Utilise un grand sac de plastique pour vider toutes les poubelles et corbeilles à papier de la maison chaque lundi et jeudi. Ferme le sac et mets-le dans la grosse poubelle extérieure avant d'aller à l'école.» Soyez réaliste quant aux tâches que vous déléguez : un enfant de cinq ans peut vider le lave-vaisselle, mais il ne peut ranger la vaisselle si les armoires sont trop hautes.

Une autre approche consiste à réfléchir ensemble sur le concept d'équipe ou encore à faire un petit discours sur le sujet, soulignant qu'une équipe est un groupe de personnes qui travaillent ensemble pour le bien commun. Vous pouvez aussi organiser des petits groupes de travail. Par exemple, pendant que vous travaillez avec votre mari sur le budget familial, les enfants peuvent mettre au propre le nouvel horaire que vous avez décidé d'adopter pour les différents travaux. Ou encore vous pouvez déléguer aux enfants le soin de déterminer un système de rotation pour assurer que la cuisine et les salles de bains seront nettoyées régulièrement.

Assurez-vous de prévoir plusieurs pauses, surtout si vous avez de jeunes enfants. En plus du temps réservé à des activités de loisir en groupe, prévoyez des moments de tranquillité ou de solitude.

3. *Le suivi.* Durant les premières semaines après le séminaire, faites le suivi au moins une fois par semaine, peut-être au souper un soir de semaine ou le dimanche après-midi, en recueillant des commentaires sur les nouvelles façons de faire que vous avez adoptées. Utilisez ces occasions pour modifier vos décisions s'il y a lieu et pour insister sur le fait que vous êtes une équipe qui accomplit une nouvelle tâche ensemble ou qui fait les mêmes choses d'une nouvelle manière. Dites clairement que les erreurs faites de bonne foi sont permises et qu'il faut du temps avant que de nouvelles méthodes deviennent une seconde nature.

Il y a de nombreux avantages à tenir un séminaire de gestion familiale.

- Rien n'est caché, tout peut être discuté. Les membres de la famille peuvent exprimer autant leurs frustrations que leurs sentiments sur ce qui fonctionne bien. Dans un séminaire de gestion familiale destiné à établir des nouvelles façons de procéder pour le ménage, tout le monde participe. Idéalement personne ne devrait sentir qu'il hérite d'une tâche à laquelle il n'a pas donné son accord. Cela fait en sorte que la gestionnaire familiale est moins angoissée parce qu'elle n'a pas à fournir toutes les réponses ou à agir comme une surveillante.

- Vous pouvez faire en sorte que la récompense pour un travail bien accompli soit amusante. Quand vous échangez des idées durant un séminaire, pensez à des moyens de gagner du temps et d'épargner de l'argent. Par exemple, si vous utilisiez les services d'une entreprise de nettoyage auparavant, combien épargneriez-vous si vous faisiez le travail vous-mêmes? Que feriez-vous avec l'argent économisé? Mais si vous devez vous priver du service parce que votre budget ne le permet pas, quelle «compensation» pouvez-vous offrir à votre nouveau service de nettoyage, c'est-à-dire votre famille? Vous pourriez par exemple proposer une sortie au restaurant et une partie de mini-golf ou de bowling le samedi après-midi après que l'équipe aura nettoyé la maison le matin.

- Même les plus jeunes découvrent qu'ils sont importants et qu'ils contrôlent leur vie. Les employés heureux sont ceux qui ont l'impression que leur patron leur donne du pouvoir, qu'il écoute leurs préoccupations et qu'il suscite un climat de travail dans lequel les travailleurs participent à la définition du travail, plutôt que de se faire dire exactement quoi faire, et comment et quand le faire. Ces travailleurs sentent qu'ils contrôlent leur vie et que, d'une certaine manière, ils sont «propriétaires» d'une partie du résultat de leur travail. Pourquoi les enfants seraient-ils différents?

Dix trucs pour atteindre le succès en équipe

Peu importe ce que vous entreprendrez en équipe, les dix trucs qui suivent vous aideront à avoir une formation gagnante.

1. Réajustez la liste des tâches périodiquement. Chaque membre de la famille devrait avoir l'occasion de proposer un changement d'affectation au fur et à mesure que ses habiletés se développent ou que son horaire change.
2. Souvenez-vous qu'il est bon de proposer des défis. Ne manquez pas d'encourager les membres de l'équipe durant leur travail.
3. Attendez-vous à du travail imparfait, mais louangez l'effort de l'enfant : «Tu as très bien lavé la vaisselle, mais essaie de ne pas oublier de nettoyer l'évier quand tu as fini.»
4. Donnez des récompenses appropriées selon l'âge après l'exécution de certaines tâches. Un biscuit, une heure supplémentaire de télévision ou la permission d'utiliser la voiture renforce le moral et solidifie votre système d'allocation des tâches.
5. Soyez un modèle positif. Pour obtenir de l'enthousiasme, il faut en démontrer.
6. Trouvez des moyens de rendre le travail amusant. Réglez la minuterie et organisez des concours pour voir ce qu'on peut accomplir en vingt minutes. Faites jouer de la musique entraînante et dansez avec votre

Quelques mots sur les récompenses

Il existe plusieurs écoles de pensée concernant le type de récompense à donner. J'ai tendance à ne pas donner de l'argent pour les petits travaux quotidiens. Cependant, quand nos garçons effectuent un travail hors de l'ordinaire, comme isoler le grenier pour que nous fassions des économies d'énergie, peindre une pièce ou gratter la moisissure sur le plafond de la véranda, nous leur donnons de l'argent. Une autre exception : notre vente-débarras annuelle. Chacun y participe et nous partageons les profits, que les enfants utilisent selon leur bon vouloir. J'ai tendance à croire que les enfants sont plus motivés par le fait que, si toute la famille travaille ensemble, leur maison sera un endroit où il est plus agréable de vivre. Quand mes fils étaient plus jeunes, je leur donnais des bons ou des étoiles qu'ils pouvaient échanger contre un repas au restaurant ou une sortie spéciale avec papa ou maman. Prévoyez des courses agréables après une journée de dur labeur. Par exemple, après que les enfants auront nettoyé de fond en comble la voiture, amenez-les faire réparer leur vélo ou acheter des pneus neufs. Et accordez-vous une récompense en tant qu'équipe quand vous avez abattu de la bonne besogne. Vous avez passé la journée à nettoyer le jardin? Allez manger au restaurant ce soir-là.

balai ou votre vadrouille. Confectionnez une cape pour un jeune enfant qui en la revêtant deviendra l'extraordinaire Monsieur Buanderie quand il pliera les vêtements après le lavage.

7. Exprimez toute la confiance que vous avez dans la capacité de votre famille à faire du bon travail. Les attentes positives d'une gestionnaire familiale créent un climat qui suscite de meilleures performances.

8. Encouragez chacun à développer sa façon propre de travailler. Quand quelqu'un a une nouvelle idée, votre première réaction devrait être «Tu peux l'essayer» et non pas «Ça ne marchera pas». Bien sûr, tout cela dans

les limites du raisonnable. Utiliser une pelle pour ranger sa chambre en poussant tout sous le lit n'est *pas* une méthode innovatrice. Votre fille aime peut-être bien voir où sont toutes ses choses. Si elle aime ranger au sous-sol où vous avez des étagères ouvertes, pourquoi ne pas lui installer le même type d'étagères dans sa chambre ? Soyez toujours prête à échanger des idées avec les membres de l'équipe.

9. Cherchez continuellement à harmoniser les habiletés et les passe-temps des membres de la famille avec les travaux qui leur sont confiés. Par exemple, l'ado qui veut à tout prix conduire l'automobile pourrait conduire plus souvent s'il faisait les courses. Ou un enfant qui adore organiser les choses pourrait se charger de ranger les jeux et l'équipement sportif, ou de mettre de l'ordre dans le garde-manger.

10. Organisez régulièrement des excursions divertissantes pour votre équipe. Quand les enfants étaient plus jeunes, il nous arrivait souvent de nous lever tôt le samedi matin et de nous rendre à la campagne pour prendre le petit-déjeuner en plein air. Après avoir fait une promenade dans la forêt et lancé quelques galets dans le lac, nous rentrions à la maison pour faire nos travaux du samedi après-midi.

Le triangle en action

Je l'ai déjà dit, mais je vais le répéter : il ne faut pas essayer de faire trop de changements à la fois. Constituer une équipe efficace prend du temps. Vous pouvez commencer avec deux types de tâches, comme la nourriture et le lavage, et évoluer à partir de ce point. Vous et votre mari devriez aussi vous engager à être honnêtes et être prêts à faire des concessions si des divergences apparaissaient dans vos attentes respectives. Par exemple, peut-être que sa mère tenait la cuisine aussi propre qu'un hôpital et qu'il pense qu'on doit la nettoyer trois fois par jour, alors que, pour vous, une seule fois suffit amplement. Vous devrez en discuter et trouver un compromis acceptable pour les deux.

Un peu de désordre peut être bon

Si un des membres de l'équipe désire un endroit qu'il puisse laisser en désordre pendant qu'il construit ses modèles réduits, fait de la couture ou s'adonne à des expériences scientifiques, proposez qu'un coin de sa chambre, une partie du sous-sol ou le garage puisse remplir ce rôle. Je crois profondément qu'un peu de désordre encourage la créativité.

Je sais que chaque fois que j'ai voulu élargir le champ des responsabilités que je voulais déléguer, j'ai eu plus de succès quand j'en ai parlé avec Bill avant de présenter mon plan aux enfants. De plus, vous serez peut-être agréablement surprise quand vous présenterez votre idée de partager les tâches. Quand mon mari a décidé de s'impliquer plus dans la cuisine, les enfants ont presque voulu engager une fanfare pour souligner l'événement. Je connais une femme dont la fille de dix ans aimait tellement que ses bas et ses vêtements soient bien rangés dans ses tiroirs qu'elle a proposé de faire son propre lavage.

Utiliser la communication et la délégation pour atteindre des objectifs collectivement définis constitue du travail. Parfois vous allez avoir l'impression que cela vous prend plus d'énergie que lorsque vous faisiez tout vous-même. Quand ce sera le cas, rappelez-vous que la gestion familiale et la formation d'une équipe constituent une recherche de ce qu'il y a de meilleur en vous et chez les autres, pas seulement une manière de nettoyer la maison ou de faire le lavage. Apprendre à fonctionner en équipe représentera dans la vie de votre enfant un atout majeur.

Certains jours, vous aurez aussi le sentiment que vous n'allez nulle part. Revenez alors au principe du triangle et de la navigation. Si un capitaine de bateau se dirigeait continuellement vers le même troisième point, personne n'arriverait jamais à destination. L'endroit où vous êtes change, de même que votre destination. La communication, la délégation et les attentes ne sont pas des points fixes. Elles font partie d'un processus évolutif.

Quand les objectifs ne sont pas atteints, communiquez entre vous pour changer le système de délégation ou encore vos attentes. Quand la communication devient difficile, souvenez-vous qu'un de vos buts est de travailler ensemble dans un arrangement agréé par tous. Quand les tâches déléguées ne sont pas accomplies, communiquez et communiquez encore après avoir réévalué vos attentes.

Mais la plupart du temps, vous engrangerez les bénéfices du travail d'équipe : une maison plus propre, plus confortable et plus calme. Vous ne vous sentirez pas à bout de nerfs parce que vous tentez de tout accomplir seule. Vous n'aurez pas l'impression d'être une martyre. Vous pourrez, et vous devriez, vous féliciter, ainsi que les autres membres de l'équipe, d'avoir réussi à former un groupe qui travaille si bien ensemble.

Pour conserver votre équilibre

- Communication + délégation = attentes.
- Se donner le rôle de martyre n'apporte rien à personne.
- Une attente non exprimée est une attente qui ne peut pas se réaliser.
- Le travail d'équipe fonctionne quand chacun a son mot à dire.
- Assurez-vous que chaque membre de la famille est conscient de ce que le travail d'équipe lui rapporte.
- Montrez à votre famille, en paroles et en actes, que vous faites partie de leur équipe, avant de vous attendre à ce qu'ils joignent la vôtre.
- Réévaluez et renégociez selon les besoins, ce qui peut signifier souvent.
- Trouvez des manières amusantes de récompenser un travail bien fait.
- Une bonne gestionnaire est celle qui a bien entraîné les autres pour qu'elle puisse se décharger sur eux de ses responsabilités.
- N'oubliez pas qu'une fois adultes vos enfants ne se souviendront pas si vous passiez la vadrouille dans la cuisine chaque jour, mais ils se souviendront que la maison était un endroit agréable où vivre.

6

Travailler plus intelligemment

L'ordre est la forme dont dépend la beauté.

Pearl S. Buck

J'aime penser que je suis créative, compétente et flexible. Donc, j'ai longtemps pensé que le mot routine était péjoratif. Qui souhaiterait laver la salle de bains tous les mardis? Aller à l'épicerie toujours à la même heure? Payer les factures toujours à la même date? (J'aimais bien que les créanciers se posent des questions.)

La routine ne s'est pas installée comme par magie dans notre famille. Seule une frustration permanente nous y a menés. Ce sont les matins qui m'ont poussée à bout. Cela se déroulait à peu près ainsi. La musique du radio-réveil se mettait en marche sans que je m'éveille, alors que Bill, lui, se réveillait et découvrait qu'il était frigorifié parce que j'avais tiré vers moi toutes les couvertures. Je faisais semblant de ne pas l'entendre se plaindre. Puis la montre de Bill se mettait à sonner. Malgré la musique et les bips-bips, nous étions encore au lit. Cinq minutes plus tard partait la sonnerie du troisième réveil, que Bill avait mis sur une tablette assez éloignée pour qu'il doive s'étirer pour l'interrompre, mais pas assez pour qu'il ait à se lever. Finalement une quatrième sonnerie se déclenchait, celle-là dans la salle de bains, de telle sorte qu'il fallait que je me lève pour la faire cesser.

Je mettais une robe de chambre et me frayais un chemin dans le corridor. Chaque matin était une nouvelle aventure. Je pouvais aussi bien marcher sur le chien, trébucher sur des livres de classe, entrer en collision avec le panier à linge sale. Je me demandais si je parviendrais à me rendre jusqu'à la cuisine.

Arrivée dans la cuisine, je découvrais qu'encore une fois il ne restait plus de lait. Je cherchais la liste d'épicerie. Au même moment, le chien aboyait pour que je le laisse sortir. Puis quelques instants plus tard commençait la litanie des garçons. Ils voulaient savoir où se trouvaient leurs chemises propres, leurs bas, leurs devoirs et leurs livres. Ils avaient toujours perdu quelque chose et en avaient absolument besoin immédiatement. Pas surprenant que souvent j'aie voulu retourner me coucher. Je me disais intérieurement que je punirais le premier qui me lancerait : «Pourquoi on ne mange pas des crêpes tous les matins comme ça se fait dans d'autres familles?»

Un jour, mes nerfs ont lâché. J'étais probablement en manque de caféine, parce que nous manquions de café aussi souvent que de lait. Puis je me suis calmée un peu et j'ai réalisé que l'école et le travail produisaient assez de stress en soi sans qu'on en rajoute en commençant toutes nos journées dans la précipitation et le désordre total. Il fallait changer nos habitudes.

Les bienfaits de la routine

Avez-vous l'impression de consacrer énormément d'énergie à toujours essayer de régler les mêmes conflits? À envoyer les enfants à l'école? Ou à tenter de porter attention au récit que chacun fait de sa journée pendant que vous préparez le souper, nourrissez le chat, transférez les vêtements de la laveuse à la sécheuse et mettez la table? Ou à vous assurer que toutes les factures sont payées avant la date d'échéance? Il n'existe aucune baguette magique qui puisse faire en sorte que tout se déroule en douceur dans votre foyer.

Mais il y a une autre avenue : les routines. Les systèmes, les routines, les procédures sont essentiels dans toutes les entreprises. Chacun doit savoir qui est responsable, quelle est sa marge de manœuvre et comment s'acquitter de sa tâche. Une famille qui fonctionne bien a elle aussi besoin de routines.

Ma propre famille constitue une preuve vivante que les matins fous — et les après-midi et les soirées — peuvent être domptés.

Les centaines de petits travaux nécessaires au bon fonctionnement de la vie familiale peuvent généralement être regroupés dans des routines, de telle sorte que vous n'ayez pas à réinventer la roue chaque fois que manque un livre emprunté à la bibliothèque ou qu'il faut sortir les ordures. Une fois que vous avez décidé qui fait quoi, quand et comment, vous éliminez les questions et les discussions. Vous ne gaspillez plus votre temps et votre énergie pour des choses inutiles.

Les routines nous permettent de consacrer temps et énergie aux choses importantes, comme aller au parc avec notre garçon pour faire voler un cerf-volant, aider notre fille à résoudre un problème, nous installer sous la douillette pour lire, ou discuter en famille de ce qu'on souhaite faire durant la fin de semaine, puis avoir le temps de le faire. Les routines nous aident à nous débarrasser des voleurs de temps et à les remplacer par cette chose si précieuse qu'est le temps en soi. Elles nous aident aussi à nous conformer à nos priorités. Décider ce qui doit être accompli puis établir une routine nous libère pour les activités réellement essentielles. Enfin, les routines procurent aux enfants un sentiment de sécurité parce qu'ils savent à quoi s'attendre.

Plusieurs gestionnaires familiales m'ont dit qu'une fois habitués à une routine les enfants y adhèrent religieusement à cause de l'ordre et de l'harmonie qu'elle procure. En fait, dans plusieurs familles, les routines se transforment avec le temps en traditions qu'on chérit : jouer à un jeu de société après que les devoirs sont terminés, aller déjeuner au restaurant avec papa le samedi matin ou jouer à la «guerre des bas» après que le lavage a été fait. (C'est une de nos préférées. Une fois que les bas ont été triés et réunis en paires, nous enlevons tout ce qui est cassable de la salle de séjour, faisons jouer le thème du film *La guerre des étoiles* et nous lançons des bas.)

Notre nouvelle routine matinale débuta avec moi, un bloc-notes, un stylo et une tasse de café. Je fis une liste de tous les irritants de nos matins ainsi que des solutions possibles : commencer plus tôt, toujours aller au lit à la même heure les jours où il y aurait de l'école le lendemain, réunir la veille tout ce qui était nécessaire pour l'école, installer une étagère près de la porte pour chaque membre de la famille et placer une tirelire dans la cuisine pour les besoins soudains d'argent. Nous avons organisé une réunion de famille pour discuter de tout cela et les garçons ont fourni quelques idées. Nous avons alors essayé la nouvelle routine. À ma grande surprise, la maison commença à fonctionner un peu plus en douceur. Plus satisfaisant encore, ma famille aimait le nouveau système. Il semble qu'ils préféraient tous ne pas avoir à se presser le matin.

Durant les années qui ont suivi cette première réunion, nous avons fait beaucoup de progrès. Quand nous avons réalisé combien la routine du matin nous facilitait la vie, nous en avons développé d'autres pour chacun des sept secteurs de la gestion familiale.

Est-ce un processus simple? Non. Les routines prennent du temps à devenir vraiment des… routines. Vous devrez réajuster le tir au fur et à mesure que vous découvrirez ce qui fonctionne bien et ce qui ne fonctionne pas. Mais je suis certaine d'une chose : les routines peuvent faire disparaître le chaos de la vie familiale.

Quand vous décidez d'établir des routines, souvenez-vous que chacune a ses ramifications. Nous avons tous vécu l'expérience frustrante de se faire dire par le préposé au comptoir des réclamations qu'il ne peut pas nous remettre notre 1,39 $ pour la pièce défectueuse que nous avons achetée et que si nous voulons ravoir notre argent nous devons remplir un formulaire en trois exemplaires, l'envoyer par courrier recommandé à l'adresse qu'il nous donne et attendre le remboursement qui arrivera peut-être dans la semaine des quatre jeudis! Que faire dans de telles circonstances? Oublier l'argent, mettre cela au compte de l'expérience et décider de ne plus jamais faire affaire avec cette compagnie.

Peut-être avez-vous tendance à faire la grimace quand on vous parle de routine. Si vous pensez que les routines sont rigides et même un peu ennuyantes, demandez-vous comment on pourrait faire des affaires dans un monde sans routines. S'il n'y a pas de délai à respecter pour un travail, il y a de bonnes chances que ce travail ne sera pas effectué. Nos enfants manquent une séance d'entraînement ou une fête d'anniversaire parce que nous ne savons pas quand ces événements ont lieu. Nous devenons frustrés et irrités parce que nous tentons constamment de faire du rattrapage et que nous gaspillons du temps précieux et de l'énergie à nous demander ce qu'il nous reste à faire et où nous avons placé telle ou telle chose. Je suis comme vous, j'aime être flexible et spontanée. Vous pouvez donc me croire quand j'affirme que c'est parce que les routines nous procurent de l'ordre et de la stabilité que nous pouvons devenir *plus* flexibles et *plus* spontanées.

Avant de commencer

Peu importe comment vous les appelez, il est probable que vous respectiez déjà certaines règles de procédure. Le truc consiste à bien identifier les routines qui fonctionnent bien et à les perfectionner pour qu'elles soient encore plus efficaces pour vous et votre famille. Peut-être avez-vous l'habitude de laver les draps une fois par semaine. Pour pouvoir économiser du temps grâce à cette routine, fixez une journée de la semaine où chaque membre de la famille apporte ses draps dans la salle de lavage avant de quitter la maison. Une des tâches des enfants au retour de l'école pourrait être de refaire les lits. En étudiant vos routines actuelles et celles que vous voulez mettre en place, tenez compte des conseils suivants.

1. *Commencez lentement. Rome et IBM n'ont pas été construites en un jour.* Vous êtes peut-être prête, par exemple, à identifier chaque sujet de récrimination de vos enfants concernant qui fait quoi et vous avez envie de rédiger une procédure globale qui couvre l'ensemble des relations entre les enfants, et ce pour toute l'année. Quand vous pensez à des routines, n'essayez pas d'en inventer une pour chaque situation imaginable, vous allez devenir complètement folle.

Commencez par une situation spécifique qui cause beaucoup de frustration. Quand nos garçons étaient petits, il était impossible de partir en automobile sans que cela soit précédé par une interminable discussion sur lequel s'assoirait en avant. Excédés par ces discussions, nous avons instauré un système selon lequel, chacun leur tour, les garçons s'installeraient en avant pendant un mois. Chaque premier du mois, on savait que c'était le tour du suivant et les garçons se chargeaient de faire respecter cette entente. Bien sûr, le problème disparut quand ils décrochèrent leur permis de conduire. Et la routine fut oubliée.

Les ingénieurs spécialisés en circulation urbaine identifient les intersections où un nombre important d'accidents surviennent et ils y installent des feux ou des panneaux d'avertissement pour diminuer les risques. Quand nous créons des routines, il est bon de bien identifier le risque de collision entre les tâches à remplir et les tensions ou les plaintes qu'elles peuvent provoquer. Les routines remplissent la même fonction que les feux de circulation ou les panneaux d'avertissement : elles n'éliminent pas les problèmes mais en réduisent le nombre.

2. *Réévaluez la pertinence du vieil adage qui dit : «Si ça fonctionne, pourquoi le réparer ?»* Récemment, un consultant ridiculisait devant moi ce concept. Pour demeurer à la fine pointe de l'efficacité, le nouvel adage est plutôt : «Si ça fonctionne, étudiez *comment* ça répond aux besoins d'aujourd'hui et comment vous pouvez l'améliorer.»

Prenons un exemple simple. Chaque vendredi soir depuis longtemps, vous avez pris l'habitude de faire des hamburgers. C'est tellement une vieille habitude que vous ne vous demandez jamais ce que vous préparerez pour le souper du vendredi. C'est devenu un rituel qui plaît à toute la famille. Alors pourquoi ne pas songer à instaurer des mardis de poulet?

Voici un autre exemple. Même si une routine fonctionne depuis longtemps et est encore efficace aujourd'hui, elle peut bénéficier de certaines améliorations. Supposons que vous avez pris l'habitude de nettoyer la maison ensemble le samedi matin. Vous travaillez bien en équipe et généralement le tout est terminé à midi. Mais si un membre de la famille pense qu'on obtiendrait le même résultat en faisant une demi-heure de nettoyage chaque jour, libérant ainsi le samedi matin, ce pourrait être une bonne idée de modifier votre routine.

3. *Si ça ne fonctionne pas, réparez-le.* Voici comment j'ai commencé à instaurer les routines à la maison. J'ai commencé par identifier les situations qui régulièrement créaient du stress. Tout comme vous le feriez au travail — par exemple si vous constatiez que les délais ne sont pas respectés ou que l'emballage de votre produit est défectueux —, vous réunissez votre équipe et essayez de trouver ensemble une solution au problème.

Une loi en affaires dit que lorsque vous voulez résoudre des problèmes, il faut commencer par le plus fondamental. Dans une famille, ce pourrait être ceux qui dérangent le plus, comme le chaos qui caractérisait nos matins. Si les membres de votre famille ratent régulièrement un rendez-vous chez le médecin, une séance d'entraînement, une réunion ou même une rencontre sociale, il est peut-être temps d'établir un calendrier général. Si votre compte d'électricité enfle à vue d'œil et que vous constatez que toutes les lumières restent allumées quand vous quittez la maison, vous pourriez peut-être désigner un responsable des lumières qui s'assurera que les lumières sont éteintes avant que vous quittiez la maison. Pour faire en sorte que tous collaborent, donnez au responsable des lumières le pouvoir d'imposer des amendes, y compris à papa et à maman. Certains problèmes peuvent être plus coûteux. Si vous ne suivez pas une routine pour payer vos factures à temps, vous vous convaincrez sans doute d'en adopter une en faisant le total annuel des sommes que vous payez en intérêts et en pénalités de retard.

4. *Une entreprise et une famille sont des entités organiques.* Cela signifie que, dans les deux cas, tous les éléments sont interreliés. En instaurant de nouvelles routines, assurez-vous que vous ne créez pas un problème dans un autre secteur. Si vous avez décidé que votre enfant de douze ans passera l'aspirateur le jeudi matin avant de partir pour l'école, assurez-vous que ce n'est pas un matin où votre mari dort plus tard parce que la veille il travaillait de soir. Cet exemple peut paraître évident, mais, parfois, ce sont les évidences qui nous échappent. Soyez consciente que vous voudrez, avec le temps, réajuster vos routines. Ainsi, votre fille de douze ans s'est peut-être portée volontaire pour accomplir plus de travaux qu'elle est capable d'en réaliser (oui, oui, cela arrive de temps en temps). Ou une nouvelle routine fonctionne parfaitement jusqu'à ce que votre adolescent s'inscrive à un cours de français enrichi et qu'il a trois heures de devoirs chaque soir. Il est souhaitable pour tous de revoir et d'ajuster régulièrement les routines qu'on s'est données.

5. *Consultez des experts et adaptez-vous sans cesse.* Anne, une amie de longue date, est super-organisée. À l'université, nos chambres se faisaient face. Je constatais que ses placards, ses tiroirs et son bureau étaient toujours rangés, qu'elle faisait toujours son lavage avant de manquer de sous-vêtements propres et qu'elle n'avait jamais de découverts dans son compte bancaire. Certains jours, je me demandais si je devais la féliciter ou lui faire une grimace. Quel était son secret? Étais-je tarée ou était-ce parce que ma mère ne m'avait pas allaitée? Avais-je été trop protégée dans mon enfance?

Je me souviens, au début de ma carrière de gestionnaire familiale, du moment où j'ai réalisé que la moisissure envahissait la douche et que les moutons de poussière se multipliaient à un rythme alarmant sous tous les meubles de la maison. Quand je trouvai assez de courage pour demander de l'aide, je téléphonai à Anne pour lui demander de me révéler son secret. Sa réussite, heureusement, était contagieuse, et son approche a sauvé notre maison. Ne craignez jamais de demander de l'aide. Quand l'aide est à la portée de la main, saisissez-la. (Anne m'a rendu visite la semaine dernière. «Je n'arrive pas à croire comment ta maison fonctionne bien et comment tu es devenue organisée, m'a-t-elle dit. Parce que, tu sais, tu étais la personne la plus désordonnée et désorganisée que je connaissais.» Il y a donc de l'espoir pour tout le monde!)

Le meilleur temps est le présent

Les routines n'existent comme telles que si nous les créons. Prenez quelques minutes dès maintenant pour réfléchir aux situations qui continuellement provoquent du stress dans votre famille. Si cela est difficile, peut-être que la liste qui suit pourra

Les routines peuvent aider dans des domaines comme...

La planification des repas
L'achat de la nourriture
La préparation des repas
Le nettoyage après les repas
La bonne tenue de la maison
La corvée de l'aspirateur
La façon dont se font les lits
La lessive
Le nettoyage des salles de bains
La collecte et la sortie des ordures
Le recyclage
Les devoirs
L'achat des vêtements
La tenue des livres (factures et affaires financières)
Les courses
Le nettoyage à sec
L'entretien de l'automobile
L'entretien du jardin
L'arrosage des plantes
Le soin des animaux

être utile. Vous pouvez l'utiliser de différentes manières. Repassez dans votre esprit les événements de la semaine précédente. Faites un tiret chaque fois qu'un domaine a été la source d'un problème. Vous devriez probablement vous attaquer en premier au domaine que vous avez coché le plus souvent.

Vous pouvez aussi rédiger une description des problèmes identifiés dans chaque secteur. Commencez avec celui qui littéralement vous fait bouillir de colère.

Il serait aussi intéressant de demander l'avis de votre mari et des enfants. Quand j'ai songé à changer notre routine de lavage, j'ai été plus qu'agréablement surprise par les réactions que j'ai obtenues. Chacun était frustré et tous avaient des idées sur ce qui pourrait fonctionner.

Inventer une nouvelle routine et la mettre à son service

Choisissez un secteur problématique ou deux pour tenter d'établir de nouvelles routines. Plus vous choisissez de secteurs, moins vos chances de succès sont grandes.

Prenez quelques notes sur ce qui pourrait fonctionner dans ces routines. Parlez à votre mari. Demandez-lui son avis. Puis organisez une réunion de famille ou parlez avec les membres de la famille que la routine affectera. Souvenez-vous que parler ne signifie pas donner des ordres et que, dans les familles comme dans les entreprises, les gens ont plus tendance à accepter de nouvelles façons de faire s'ils ont participé à l'élaboration de ces nouvelles procédures.

Vous pouvez entreprendre la discussion en disant quelque chose comme : «Je me suis rendu compte que nous ne soupons presque plus en famille. J'aimerais bien savoir ce que vous en pensez.» Les blâmes et les récriminations ne devraient pas faire partie de la description du problème. Si vous êtes en colère contre votre mari ou un enfant, la réunion de famille convoquée pour résoudre un problème n'est vraiment pas l'endroit pour exprimer ce sentiment.

Si les membres de la famille vous regardent sans comprendre ou qu'ils vous disent que tout fonctionne bien pour eux, expliquez-leur pourquoi tout ne fonctionne pas bien pour vous. Si, par exemple, vous discutez des soupers familiaux, vous pourriez leur dire que vous vous inquiétez parce que vous avez l'impression que la famille est moins unie et que certains ne mangent pas de la nourriture saine et à des heures régulières. Vous pouvez peut-être aussi expliquer pourquoi ce problème existe aujourd'hui alors qu'il n'existait pas auparavant : par exemple, vous travaillez plus et vous avez eu peu de temps à consacrer à la préparation du repas du soir. Ou alors vous n'aimez pas tellement faire la cuisine et vous avez épuisé toutes vos idées de recettes pour préparer des repas savoureux et nourrissants, et vous avez tout simplement besoin d'aide pour la cuisine et les emplettes.

Demandez l'opinion de chacun sur la nécessité d'établir une nouvelle routine, puis recueillez les suggestions sur ce qui pourrait fonctionner. Durant cette étape, toutes les idées, même les plus extravagantes, peuvent nourrir la discussion. Ne balayez pas du revers de la main une proposition. Faites tout simplement une liste de toutes les idées exprimées. Puis regroupez-les par catégories et discutez-en les mérites respectifs, que ce soit la proposition d'aller au restaurant tous les soirs (pas très raisonnable) ou celle de partager les tâches à tour de rôle, chaque semaine ou chaque soir. Si vous optez pour une répartition hebdomadaire, la personne qui cuisinera la semaine suivante pourrait, avec votre aide au besoin, planifier les menus la semaine précédente. La personne responsable des emplettes, que ce soit vous ou quelqu'un d'autre, disposerait alors d'une liste complète. Quant au chef, la semaine d'après, il fera partie de l'équipe de nettoyage.

Dans ce domaine, il existe autant de manières de faire qu'il existe de familles. Vous pouvez décider de faire la cuisine en groupe deux fois par mois et préparer ainsi les repas pour deux semaines d'avance. Peu importe le choix que vous faites, qu'il soit le plus réaliste et le plus simple possible. N'inventez pas des formules extrêmement complexes que vous serez incapables de mettre en pratique de manière continue. Assurez-vous que les tâches dévolues aux enfants, qu'ils soient volontaires ou non, correspondent aux capacités de leur âge.

Choisissez une journée pour inaugurer la nouvelle routine et faites en sorte de souligner l'événement, même si cela se limite à afficher l'horaire sur le réfrigérateur ou à porter un toast au nouveau chef lors de son premier repas. Après une semaine, puis un mois, réévaluez votre routine. Encore une fois, donnez à chacun la chance de s'exprimer. Qu'aiment-ils à propos de la routine, que voudraient-ils changer, etc.? Faites les modifications nécessaires en vous souvenant que les routines doivent servir votre famille et non pas l'inverse.

Même une entente en apparence simple, comme faire du rangement avant d'aller dormir, peut parfois provoquer des difficultés. Il ne sert à rien de se livrer à d'inutiles luttes de pouvoir. Si votre fille est complètement épuisée un soir et veut se coucher, l'en empêchez-vous jusqu'à ce que sa chambre ait été rangée? Et le lendemain, vous battez-vous avec elle pour qu'elle se lève?

Des conseils gagnants

Comme je l'ai déjà dit, je crois beaucoup en la nécessité de consulter des experts et de partager l'information. Même les experts admettent qu'ils ont besoin de se consulter entre eux. C'est pourquoi des dirigeants d'entreprises dans des domaines aussi différents que l'édition ou l'électronique se rencontrent régulièrement pour échanger des idées même si, parfois, ils sont concurrents. Ce qui est rentable pour une entreprise peut l'être aussi pour une industrie entière. Et puis, vous pouvez toujours y ajouter votre touche personnelle. Dans les pages qui suivent, vous trouverez des informations qui proviennent de ma propre expérience ou de mes rencontres avec d'autres gestionnaires familiales. Sentez-vous libre d'essayer l'une ou l'autre de ces idées. Adaptez-les à vos besoins. Si vous aimeriez avoir d'autres idées, discutez avec vos amies ou votre famille. Proposez vos bonnes idées. Ce qui fonctionne dans une famille peut aussi fonctionner dans l'ensemble du pays.

La liste qui suit contient de tout : de la routine la plus insignifiante jusqu'aux processus les plus larges. Souvent, le plus petit des changements, qui peut se faire instantanément, produit des effets bien plus grands que le changement lui-même. Il en est ainsi parce que les gens, autant dans une entreprise que dans une famille, s'y adaptent plus facilement. Les routines plus importantes seront plus longues à mettre en place. N'oubliez pas de réévaluer et de raffiner vos routines après un certain temps.

Idées de routines

Temps et horaires

Organisez-vous un quartier général, un endroit où vous pouvez vous consacrer à administrer les multiples petits détails que vous supervisez : horaires, rendez-vous, invitations, numéros de téléphone, correspondance scolaire, etc. J'appelle ma base d'opération le Contrôle central. Dans votre quartier général, ayez une chemise de couleur différente pour chaque enfant. Demandez à vos enfants de passer par le Contrôle central quand ils rentrent de l'école et de placer dans leur chemise les

Routines en deux temps

Nous sommes toutes différentes. Mais toutes nous avons deux choses en commun. Premièrement, nous ne disposerons jamais de plus de vingt-quatre heures dans une journée (et vous pouvez aussi parier qu'il n'y aura jamais moins de choses à faire dans chaque journée). Deuxièmement, toutes nous aimerions en accomplir plus dans le moins de temps possible. C'est pourquoi je cherche constamment des moyens de faire deux choses en même temps. Ce double emploi du temps est devenu routinier dans notre famille, ce qui nous laisse plus de temps pour nous amuser ensemble.

Pour que votre équipe puisse prendre le rythme de ces routines en deux temps, commencez par identifier les travaux ou les projets qui ne demandent pas votre attention entière. Puis faites une liste de ce que vous pourriez faire en même temps. Affichez cette liste dans un endroit où tous peuvent la consulter. Chaque fois que vous «surprenez» quelqu'un qui accomplit deux choses à la fois, félicitez-le, ou donnez une récompense hebdomadaire à la personne qui réussit le mieux.

- Habituez les membres de la famille à ne jamais traverser la maison les mains vides. Ramassez au fur et à mesure que vous bougez.
- Les enfants peuvent plier des vêtements tout en regardant des dessins animés. Demandez-leur de mettre leurs vêtements d'exercice directement dans leur sac de sport.
- Demandez aux ados de mettre des vêtements à laver avant de commencer leurs devoirs. Quand ils s'arrêteront pour prendre une collation, il sera temps de transférer les vêtements dans la sécheuse.
- Montrez aux enfants comment défaire les lits et aller porter le linge sale dans la salle de lavage pendant que vous changez les draps.
- Pendant que vous rangez, montrez aux petits à identifier les couleurs. Commencez par tous les jouets bleus, puis les jaunes, les rouges et ainsi de suite.
- Demandez aux plus jeunes de laver les meubles de jardin pendant que les plus vieux lavent l'auto et le chien.

- La famille entière peut faire rapidement les emplettes au centre commercial, chacun utilisant une liste spécifique.
- Lavez le miroir et les accessoires de la salle de bains pendant que vous surveillez un enfant qui prend son bain.
- La prochaine fois que les petits prendront un bain moussant, demandez-leur de passer leurs mains et leurs pieds sur les parois du bain pour nettoyer les cernes.
- Pendant que vous préparez le repas dans la cuisine, vérifiez ce qui manque dans le garde-manger et faites une liste d'emplettes.
- Parlez au téléphone pendant que vous rangez l'épicerie.
- Lavez la vaisselle ou rangez-la pendant que vous faites bouillir l'eau.
- Préparez deux, trois, quatre repas à la fois. Nettoyez les carottes pour le pot-au-feu du soir, les collations d'après-midi et la salade du lendemain soir.
- Faites de la soupe et du ragoût en même temps. Doublez les quantités et vous obtiendrez le repas du soir plus trois mets à mettre au congélateur.
- Avant de partir faire les courses, pensez à ce que vous pourriez aller porter ou prendre dans le même quartier.
- Entreposez pour l'avenir. Si vous achetez du déodorant ou du mascara, achetez deux ou trois contenants pour vous éviter de refaire le même voyage.
- Pendant que vous regardez la télévision en famille, demandez qu'on ramasse ce qui traîne pendant les pauses publicitaires.
- Quand vous faites de l'exercice sur une bicyclette stationnaire ou un tapis roulant, consultez les catalogues pour trouver des idées de cadeaux et planifier vos achats.
- Lavez le chien pendant que vous arrosez le jardin.
- Accrochez des vêtements froissés dans la salle de bains pendant que vous prenez une douche.

documents importants, les formulaires et toute autre information concernant l'école. Confectionnez un horaire général pour toutes les activités de la famille et affichez-le dans un endroit straté-gique. Laissez un stylo tout près pour que chaque membre de la famille puisse y inscrire de nouvelles activités. Utilisez des autocollants de couleur pour signaler un détail important ou une nouvelle activité qui demande du transport.

Préparez un organigramme des tâches à accomplir le matin. Collez-le sur la porte du réfrigérateur à une hauteur raisonnable pour les enfants ou sur le babillard de la cuisine. Une partie de votre routine matinale consistera à faire lire cet organigramme aux enfants et à faire en sorte qu'ils effectuent les travaux qu'ils ont à faire avant de partir pour l'école.

Libérez un grand tiroir ou installez un panier dans la cuisine pour qu'on y dépose les souliers à faire réparer, les cassettes vidéo et les livres qui doivent être rendus, etc.

Affichez une routine de sortie près de la porte pour qu'on se souvienne de ce qui doit être fait avant de sortir. J'ai recueilli l'exemple de la page suivante dans une famille.

Nourriture

Organisez une routine pour la préparation des repas. Aver-tissez la famille dix minutes avant de servir de telle sorte que chacun ait le temps de se laver les mains et d'effectuer le travail qui lui est assigné : mettre la table, préparer les boissons, aider à remplir les assiettes ou à placer la nourriture sur la table.

Rédigez un menu comportant un choix de plats. Le dimanche soir, laissez chaque membre de la famille choisir un de ces plats pour un des soupers de la semaine. Affichez le résultat des choix sur la porte du réfrigérateur. Ainsi, le premier parent ou enfant qui arrive sait quoi mettre en marche comme repas. (Selon une de mes amies, mère de six enfants, cela fonctionne très bien dans sa famille parce que les enfants adorent choisir dans un menu.)

Établissez une liste permanente d'achats pour l'épicerie et la pharmacie : nourriture, aliments secs, produits de nettoyage ou pour la salle de bains, etc. Faites-en des copies et remplissez-en une chaque semaine avant d'aller faire vos courses.

La routine de sortie

Enfants

- Boîte à lunch ou ticket de repas
- Sac à dos, livres, devoirs
- Clé de la maison
- Vêtements de sport
- Imperméable, vêtements d'extérieur
- Argent en cas d'urgence
- Instrument de musique
- Autre : _____

Papa et maman

- Nettoyage à sec
- Dépôt à la banque
- Livres de la bibliothèque
- Lettres ou colis à mettre à la poste
- Lumières et électroménagers à éteindre
- Répondeur branché
- Repas congelé sorti pour qu'il dégèle
- Portes verrouillées
- Porte-documents
- Clés d'auto
- Sac à main
- Système de sécurité branché

Organisez une routine pour faire l'épicerie. Si vous achetez en grande quantité, faites votre marché une fois par mois dans un magasin qui vend au prix du gros. Choisissez un moment précis chaque semaine pour aller à l'épicerie, préférablement un jour sans grand achalandage. Ou engagez un adolescent responsable pour faire vos achats pour vous une fois par semaine.

Déterminez une routine efficace pour les jours d'épicerie.

Mettez vous-même vos achats dans les sacs ou les boîtes d'une manière qui corresponde à votre façon de les ranger chez vous.

Rangez l'épicerie et préparez la nourriture pour la semaine en même temps :

- Lavez et préparez les salades pour toute la semaine et conservez-les dans des contenants de plastique au réfrigérateur.
- Faites revenir toute la viande hachée que vous prévoyez utiliser au cours de la semaine.
- Coupez tous les oignons et poivrons dont vous aurez besoin dans la semaine. Mettez-les dans des sacs à sandwich et congelez-les.
- Faites des œufs durs.
- Préparez des bâtonnets de crudités pour les collations et les lunchs.
- Préparez des portions individuelles de raisins secs, de croustilles, de biscuits, etc., pour les boîtes à lunch.

Allez au marché public le samedi durant l'été. Faites de cette sortie une activité familiale et profitez durant toute la semaine de fruits et de légumes frais.

Prenez l'habitude d'aller en famille cueillir des petits fruits au mois d'août et des pommes à l'automne. Faites des confitures et de la compote de pommes.

Essayez de faire la cuisine à tour de rôle : votre mari, le lundi et le mercredi ; vous, le mardi et le jeudi ; puis allez au restaurant le vendredi. Durant la fin de semaine, soyez flexible.

Finances

Choisissez une journée spécifique — sauf le vendredi après-midi — pour faire les dépôts à la banque et prendre l'argent nécessaire pour la semaine.

Fixez un moment rapproché du jour où vous recevez vos états bancaires pour balancer votre carnet de chèques et vos comptes.

Essayez de régler vos paiements de telle sorte que vous n'ayez à faire des chèques qu'une ou deux fois par mois. Vous aurez peut-être à renégocier certaines échéances pour vos cartes de crédit, et votre paiement hypothécaire sera peut-être légèrement en retard, mais il y a souvent une période de grâce. En vous inventant une routine, vous pouvez même transformer ce travail fastidieux en moment agréable. Deux fois par mois, je m'installe près d'une fenêtre ensoleillée, avec un bon café, ma musique préférée et un peu d'huile odoriférante sur une ampoule, et j'écris des chèques avec mon stylo préféré.

Une fois par année, organisez une réunion de planification avec votre mari. Prévoyez toutes les dépenses importantes et assurez-vous que vous avez prévu de l'argent pour les vacances et les divertissements. Si jamais vous traversez une période difficile, demandez des idées à toutes les personnes assez âgées pour pouvoir parler de façons d'économiser. Soyez créatifs. Un enfant de sept ans pourra proposer d'organiser une fête d'anniversaire qui vous coûtera moins cher. Les adolescents proposeront peut-être d'acheter la robe pour le bal de fin d'études dans une boutique de vêtements usagés ou encore de la louer, tout comme le smoking.

Une maman m'a confié son secret pour faire des économies en vue des cadeaux de Noël. Chaque semaine, elle découpe des coupons-rabais et va faire ses emplettes dans un marché d'alimentation situé près d'une succursale de sa banque. Elle réclame le remboursement des coupons en argent et va déposer la somme après avoir terminé ses courses.

En fonction de l'âge des enfants, créez des routines qui leur permettent de gagner un peu d'argent et de développer leur sens des responsabilités quand ils dépensent leur argent. Chez moi, j'essaie toujours de transposer des principes de gestion dans notre organisation quotidienne. Ainsi, James me fait une offre de services décrivant les tâches quotidiennes et quelques travaux supplémentaires qu'il est prêt à effectuer en échange de son «salaire» hebdomadaire.

Décidez que tout ce que vous achetez remplacera ou déplacera quelque chose que vous possédez déjà.

Famille et amis

Mettez sur pied des routines qui vous permettront de faire régulièrement quelque chose d'agréable avec chacun de vos enfants, même si ce n'est que pour un court instant : arrêter prendre un yogourt glacé en rentrant de la leçon de danse, aller faire une promenade le soir lorsqu'il y a peu de devoirs à faire, lire à haute voix un chapitre d'un livre chaque soir.

Routines intelligentes pour le magasinage

- Portez des vêtements faciles à enlever quand vous allez acheter des vêtements.
- Quand c'est possible, faites vos achats par correspondance plutôt que de vous déplacer d'une boutique à l'autre.
- Faites-vous une liste de ressources personnelles. Quand vous découvrez un magasin qui vend des produits que vous aimez à un bon prix, prenez en note le nom et le numéro de téléphone.
- Quand vous achetez quelque chose de neuf, pensez à l'entretien. Les tapis blancs requièrent des nettoyages fréquents, les vêtements en lin prennent plus de temps à repasser.
- Achetez les vêtements de base comme les bas de nylon ou les sous-vêtements deux fois par année.
- Ayez toujours en réserve des cadeaux pour des occasions spéciales, ainsi que du papier à envelopper, des sacs-cadeaux, des rubans et des cartes de souhaits.

Établissez des routines pour les devoirs de vos enfants. Décidez combien de temps ils peuvent regarder la télévision et à quel moment ils feront leurs devoirs. Maintenez vos décisions.

Déterminez une routine du coucher pour les jeunes enfants. Assurez-vous qu'ils vont à la salle de bains avant d'aller au lit. Placez un verre d'eau près du lit d'un enfant qui a souvent soif. S'ils ont tendance à avoir peur de la noirceur, faites en sorte qu'il y ait tout près une lampe de chevet ou une lampe de poche.

Au fur et à mesure que vos enfants vieillissent, les routines de soirée durant les fins de semaine prennent de plus en plus d'importance. Quand nos deux plus vieux garçons étaient au secondaire, ils avaient un couvre-feu et devaient nous dire où ils allaient. Si quelque chose de spécial survenait, ils devaient téléphoner pour demander la permission de rentrer plus tard. S'ils changeaient de lieu, ils devaient aussi téléphoner pour nous prévenir.

Préparez une liste pour les situations d'urgence à l'intention des gardiennes et faites-en des copies. Notez-y les numéros de téléphone de la police, des pompiers, du centre antipoison, de l'ambulance, de votre pédiatre, de la pharmacie locale, d'un voisin qui pourrait aider et de membres de la famille. Ajoutez le nom de chaque enfant, sa date de naissance et son groupe sanguin. Laissez de l'espace pour inscrire le numéro de téléphone où on pourra vous joindre et l'horaire des enfants : heure du bain et du coucher, routine pour les devoirs, etc.

Maison et patrimoine

Créez un fichier central pour réunir toutes les informations importantes à propos de la maison : ententes pour l'entretien des électroménagers, garanties, reçus, toutes ces choses dont vous n'avez besoin que lorsque vous en avez besoin. Il est aussi utile d'avoir un calendrier d'entretien pour tout ce qui doit être fait au moins une fois par année (par exemple, changer le filtre de la fournaise), ainsi qu'une liste indiquant où sont conservés les documents importants comme les certificats de naissance ou de vaccination, les passeports et les états financiers.

Chaque soir, organisez un sprint de ramassage. Fixez la minuterie à sept minutes. Durant cette période, tous les gens dans la maison ramassent et rangent tout ce qui traîne. Jetez les vieux journaux, fermez les armoires et les tiroirs, arrangez les coussins et les oreillers, changez la litière du chat, redressez les tableaux et les abat-jour, replacez tout ce qui n'est pas à sa place. Vous serez surprise par la somme de travail qui peut être accomplie.

Installez des postes de travail avec tout ce qui est nécessaire pour chaque type d'activité : comptabilité, couture, artisanat, emballage et courrier…

Commencez à systématiquement remettre à sa place chaque objet que vous utilisez. Dix minutes par jour à chercher des objets égarés représentent soixante heures gaspillées chaque année.

Dans un placard près de l'entrée, installez un panier pour les objets perdus et trouvés. Les membres de la famille pourront y mettre ce qu'ils trouveront un peu partout dans la maison.

Tout le monde saura que c'est le premier endroit où il faudra regarder s'ils ont perdu quelque chose.

Chaque été, quand vous revenez de vacances avec des tonnes de vêtements sales, prenez l'habitude de tout laver d'un coup dans une buanderie publique. Et lisez le courrier accumulé pendant que vous attendez.

Instaurez une routine pour le premier samedi de chaque nouvelle saison. Faites-en une fête familiale. Le premier samedi du printemps (changez de samedi en fonction du temps qu'il fait), la famille nettoie la pelouse, lave les fenêtres et plante des fleurs. Vous pouvez répéter cela chaque année. Ce que vous avez à faire en chaque occasion peut changer. Le premier samedi de l'été, vous pouvez ranger le garage, organiser une vente-débarras ou donner ce dont vous ne vous servez plus à une organisation caritative. Le premier samedi d'automne, vous changez le filtre de la fournaise, nettoyez le sous-sol et rangez les équipements sportifs et les vêtements d'été.

À partir de janvier, nettoyez un placard par mois jusqu'à ce que vous ayez terminé tous les placards.

Projets spéciaux

En janvier, apportez votre calendrier avec vous au magasin et achetez toutes les cartes d'anniversaire nécessaires pour l'année. Achetez aussi quelques cartes de condoléances, de félicitations et de prompt rétablissement. Autre possibilité : procurez-vous, dans le temps des fêtes, des boîtes de cartes de l'Unicef pour les occasions spéciales.

Établissez des traditions familiales pour les anniversaires. Décorez la salle à manger et préparez un repas spécial. Faites le tour de la table en demandant à chacun de dire ce qu'il apprécie à propos de la personne qui est fêtée. Nos garçons savent que, peu importe leur âge, ils devront lutter avec leur père pour éviter la traditionnelle «volée» d'anniversaire. Cette routine devient de plus en plus difficile pour Bill parce que John et Joel sont maintenant plus grands que lui.

Créez des routines pour «la première fois de sa vie». Célébrez la première fois qu'un enfant fait du vélo sans les roues d'entraînement, le premier jour d'école, la première visite chez le coiffeur, la première dent perdue. Célébrez le jour où un des enfants âgés conduit l'automobile pour la première fois.

Déléguez l'organisation des diverses fêtes et faites-en des routines annuelles. Comme chez nous, à chaque Saint-Valentin, organisez une chasse aux trésors qui commence par un indice inscrit sur le miroir de la salle de bains; les enfants vont d'un indice à l'autre jusqu'à ce qu'ils trouvent leur cadeau. Le jour de la fête nationale, organisez une sortie à vélo dans le voisinage et faites de la crème glacée maison. À la fête du Travail, faites un pique-nique. Une mère m'a racontée que, parce qu'elle se sentait toujours débordée par la préparation du repas de l'Action de grâce, la famille a commencé la tradition qui fait en sorte que le père amène les enfants camper la veille de la fête.

Après le ménage du printemps, organisez chaque année une vente-débarras.

Préparez une liste pour les vacances. Notez-y tout ce que vous devez emporter et ce que vous devez faire avant de partir. Faites des photocopies et utilisez une de ces copies pour chaque voyage afin d'économiser du temps de planification et d'exécution.

Vie personnelle

Chaque année, procédez à une évaluation de votre vie personnelle : comment vous sentez-vous physiquement, intellectuellement, émotivement, socialement, spirituellement et professionnellement ? Faites en sorte que vos réponses contribuent à créer des routines qui vous permettront de progresser dans chacun des domaines.

Prévoyez chaque semaine un moment précis pour faire de l'exercice. Considérez ces moments comme aussi importants que n'importe quel autre rendez-vous. Si vous n'avez pas le temps d'aller au gymnase, utilisez une cassette vidéo d'exercices à la maison. Portez des espadrilles en faisant le ménage. Penchez-vous, étirez-vous et marchez rapidement. Quand vous vous promenez dans la maison, portez des poids aux poignets et aux chevilles. Faites des exercices isométriques avec vos bras quand vous êtes coincée en auto dans la circulation.

Demandez à un dermatologue ou à une esthéticienne de vous aider à trouver une routine de soins de la peau qui fonctionne pour vous, puis respectez-la religieusement.

Quand vous faites vos courses, écoutez des beaux livres enregistrés sur cassette.

Réservez-vous quelques minutes tous les jours pour lire un livre qui vous stimule.

Décidez d'apprendre quelque chose de nouveau chaque année. Au cours des dernières années, j'ai appris la danse à claquettes, j'ai maîtrisé un nouveau programme d'ordinateur et j'ai étudié l'œuvre de Shakespeare. Cette année, j'ai décidé d'apprendre à faire du ski nautique sur un seul ski.

De manière régulière, retrouvez-vous avec des amies qui vous encouragent. Par exemple, déjeunez ensemble tous les premiers mardis du mois.

Réservez-vous du temps chaque semaine pour les plaisirs de la solitude : prenez le temps de lire un livre, de marcher, de prendre un bain moussant ou de faire n'importe quoi qui vous fasse plaisir, et ce aussi souvent que possible. Prévenez les autres membres de la famille que ce temps vous appartient à moins que ne survienne une urgence.

Des habitudes que vous ne devriez pas abandonner quand vous vous sentez stressée

- Faire de l'exercice, même si ce n'est que vingt minutes de marche rapide.
- Respecter les cinq groupes alimentaires. Vous avez besoin d'énergie. Fuyez les excitations causées par le sucre et les ralentissements provoqués par l'alcool. Ce n'est pas ce que vous cherchez.
- Les histoires que vous lisez à vos enfants le soir ou vos conversations matinales avec eux.
- Laver vos cheveux. Une mauvaise apparence vous déprimera encore plus.
- Une bonne nuit de sommeil. Le manque de sommeil vous compliquera la vie le lendemain.
- Votre sens de l'humour. Tout finit par passer.

Micro-macro : trouver l'équilibre qui vous convient

Trouver l'équilibre entre trop d'exigences et pas assez de consignes constitue le secret des routines qui fonctionnent dans une famille. En général, nous faisons soit de la microgestion, soit de la macrogestion. La gestionnaire portée sur la microgestion établit des règles précises et des routines pour tout ce qui se déroule dans la maison. Elle est maniaque des détails; si quelque chose n'est pas fait comme il se doit, quelqu'un paiera. Bien sûr, la maison de cette femme est généralement en ordre et calme. Le problème dans cette approche «micro», c'est qu'elle laisse peu de place à la flexibilité. Pas question de penser à une séance de cinéma le samedi après-midi si le plancher n'a pas été lavé. Oublions l'achat d'une nouvelle chaîne stéréo, même s'il y a un solde, parce que l'achat a été prévu pour le mois prochain. Les familles qui ont une mère microgestionnaire sont souvent stressées parce qu'elles passent leur temps à essayer de la rendre heureuse.

Je connais une femme qui exige que tous les jouets soient rangés avant l'heure du coucher. Cela peut sembler raisonnable, mais ne fonctionnerait pas chez moi. Moi, je suis plutôt une macrogestionnaire. Je regarde la situation d'ensemble et je décide quelles aptitudes j'aimerais que mes enfants aient acquises avant qu'ils ne quittent la maison. Dans ma liste de priorités, la créativité passe avant la propreté. Mes routines sont modelées par ce principe. Mes enfants ont toujours eu la permission d'avoir des travaux artistiques ou autres en cours. Ce qui signifie qu'ils ne peuvent pas tout ranger chaque soir. Je me souviens que quand les garçons étaient plus jeunes ils avaient transformé le salon en une véritable zone de guerre peuplée de GI Joe. Ils avaient tendu des cordes qui reliaient les lampes et les meubles, construit des forteresses avec des coussins, tracé des routes et établi des lignes de combat. J'avais établi une règle : ils pouvaient disposer de la pièce durant cinq jours, à moins que nous n'en ayons besoin avant. Alors, ils devaient déménager.

La clé consiste à trouver l'équilibre : juste assez de désordre pour encourager la créativité et juste assez d'ordre pour que les choses fonctionnent en douceur. Je ne pense pas que ma méthode soit supérieure à celle de mon amie plus orientée sur la propreté, car je crois que la propreté est une qualité. Idéalement, nous devrions toutes nous situer dans le milieu : suffisamment macrogestionnaire pour voir la situation d'ensemble et les résultats à long terme de nos routines, et en même temps assez microgestionnaire pour maintenir la propreté et un certain ordre. Les routines nous permettent d'évacuer tout ce qui est routinier. Elles nous donnent un outil qui nous permet de travailler plus intelligemment, pas de travailler plus.

Pour conserver votre équilibre

- Les routines aident à remplacer les voleurs de temps par la richesse de posséder du temps.
- Ne créez des routines que pour les sources constantes de tension.
- Les routines prennent du temps à devenir des routines.
- Parce que les routines apportent de l'ordre et de l'équilibre dans la vie, elles favorisent en fait la flexibilité et la spontanéité.
- Revoyez vos façons de faire et perfectionnez-les pour qu'elles rendent de meilleurs services à votre famille.
- Trouvez un équilibre entre la microgestion et la macrogestion de telle sorte que fleurissent à la fois la créativité et l'ordre.

7

Se concentrer sur
les domaines où l'on excelle

*Faites ce que vous connaissez le
mieux : si vous êtes un coureur, courez ;
si vous êtes une cloche, sonnez.*

Ignas BERNSTEIN

Il est très important maintenant de comprendre une chose et de vous en imprégner. Vous êtes déjà une femme capable et compétente. Vous possédez des talents innés, vous avez acquis des habiletés, vous savez vous organiser. Sinon vous ne vous occuperiez pas à la fois d'une famille et d'une carrière et vous n'auriez pas le temps de lire ce livre. Pendant que vous vous adonnez aux exercices suivants qui ont pour but d'identifier et de perfectionner vos talents, n'oubliez jamais que votre compétence comme gestionnaire familiale est déjà établie.

Bien sûr, comme pour tout le monde, il existe des domaines dans lesquels vous êtes moins habile. Bienvenue dans le monde des humains ! Maintenant, je veux partager avec vous une stratégie qui a fait une différence énorme dans ma vie personnelle et professionnelle : comment tirer profit de ses compétences.

Chacune d'entre nous a ses domaines d'excellence. Bien souvent cependant, nous sommes plus conscientes de nos faiblesses que de nos forces. Connaître vos atouts et être consciente de vos réussites peut vous faire découvrir ce que

Jonathan Swift appelle «un gisement d'or dont le propriétaire ignore l'existence».

Plusieurs personnes qualifient d'habiletés les domaines dans lesquels elles excellent. D'autres préfèrent des expressions comme talents innés, dons, aptitudes, etc. Le terme n'a pas d'importance. Ce qu'il faut comprendre, c'est que cela constitue l'essence même de ce que vous pouvez apporter au monde, de même qu'à votre travail.

Arrêtez-vous quelques instants et pensez à vos qualités. De quoi êtes-vous fière? Quel travail provoque chez vous un immense plaisir quand vous le faites? Concentrez-vous sur ce que vous êtes. Si vous vous mettez à penser aux domaines dans lesquels vous aimeriez ou devriez être efficace, ou encore à ce que vous croyez que les gens attendent de vous, dites-vous gentiment mais fermement que vous devez vous concentrer sur ce qui est déjà bon en vous.

Pour vous aider dans ce processus, utilisez la liste qui suit pour cocher les aptitudes et les talents que vous possédez. Vous pouvez même en ajouter.

Je suis bonne dans :

L'éducation des enfants
L'encouragement
L'accompagnement
L'aide
Le maternage
La délégation
Le leadership
Le respect des directives
Le calcul
Le dessin
La peinture
Le soin des enfants
L'écoute
Le diagnostic
Le recrutement

Le tricot
Le chant
La danse
L'écriture
L'analyse
La négociation
Les finances
Le travail solitaire
Le travail en groupe
La résolution des
    problèmes
Le marketing
La satisfaction
    des besoins
La visualisation

L'imagination
La planification
L'établissement
   d'objectifs
La stratégie
Le respect des délais
La direction
L'organisation du travail
La satisfaction des
   attentes
La formation d'une équipe
Le service
L'édition
Le dépassement de soi
L'innovation
La conception
L'apprentissage
La recherche
La lecture
La supervision
La coordination
Les conseils
La surveillance
L'influence
L'application des règles
La persuasion
Le rôle de tutrice
Le déménagement
La préservation
La sculpture

L'évaluation
Le peaufinage
La prise de décision
La conduite automobile
La conceptualisation
La musique
Le recyclage
Le développement
La création
Le tissage
L'assemblage
La structuration
La recherche des détails
Le classement
La production
Le théâtre
L'identification des
   tendances
La couture
L'artisanat
L'art oratoire
La communication
L'enseignement
Le nettoyage
La cuisine
L'appui aux gens
La consultation
Les conférences
La décoration
Les réceptions

Avez-vous trouvé cet exercice difficile? La première fois qu'une de mes amies, une femme compétente avec une belle carrière, a fait cet exercice, elle ne s'est trouvée compétente que dans deux ou trois domaines. Je lui ai demandé si elle était vraiment sérieuse, en soulignant entre autres ses succès professionnels. Elle répondit : «Bien oui, mais…» Elle me confia qu'en fait qu'elle n'avait pensé qu'à sa carrière de gestionnaire familiale et que dans ce domaine elle se considérait comme plutôt incompétente. En faisant ce petit travail, souvenez-vous de noter vos forces peu importe dans quelle partie de votre vie elles s'expriment.

Nous sommes généralement efficaces dans les choses que nous aimons faire. Vous devez identifier les talents que vous aimez le plus utiliser. Et ces aptitudes, elles peuvent être utilisées dans n'importe quel domaine, peu importe où vous les avez acquises.

Les gens aiment rarement travailler dans un domaine où ils ne connaissent pas le succès. En général, énumérer les talents que vous aimez utiliser ou faire une liste des aptitudes que vous maîtrisez bien sont deux façons différentes de parvenir à la même liste. Si vous avez eu de la difficulté à faire une liste de vos qualités, c'est le temps d'en faire une des choses que vous aimez faire parce que l'exercice suivant consiste à transférer vos forces et les talents que vous aimez utiliser dans des domaines où vous avez de véritables faiblesses. Et souvenez-vous que nous en avons toutes.

Nous devons connaître nos forces autant que nos faiblesses. Selon la poète Emily Dickinson, «ne pas découvrir ses faiblesses constitue l'apparence de la force». Cette citation me fait penser à l'expression «les apparences sont souvent trompeuses». Si nous n'admettons pas honnêtement nos faiblesses, nous aurons l'apparence de la force, mais pas sa réalité. Nous savons toujours quand nous nous mentons à nous-mêmes.

Nous devons connaître nos faiblesses autant que nos forces parce que si nous ne sommes pas honnêtes à propos de nos faiblesses nous ne le serons probablement pas avec nos forces, et nous serons donc incapables d'identifier les secteurs dans lesquels nous devrions les transférer. Être honnête, cela signifie à la fois admettre ses faiblesses (ce que la plupart d'entre nous pouvons faire) et ne pas les exagérer par fausse modestie. La plupart d'entre nous avons appris à ne pas nous vanter. Alors nous insistons sur ce que nous faisons mal même si ce n'est pas vrai.

Nous félicitons facilement nos conjoints, nos enfants, nos collègues de travail, nos amis pour leurs réussites et nous les consolons aussi quand ils réussissent un peu moins bien. Mais quand il s'agit de nous féliciter nous-mêmes pour nos qualités ou les aptitudes que nous possédons, une petite voix critique se met à murmurer chaque fois que nous penchons dans cette direction : «Oui mais... Oui mais, c'est un manque de modestie de dire que je suis bonne dans... En fait, je ne suis pas si bonne que cela dans... Oui, mais j'en connais d'autres qui font beaucoup mieux...» Même quand nous reconnaissons nos forces, notre tendance à nous comparer avec les autres peut facilement nous déséquilibrer. Le scénario suivant vous est certainement familier. Vous parvenez à admettre que vous êtes fondamentalement compétente, que votre maison ne tombe pas en ruines, qu'on vous estime au travail et que votre famille fonctionne, et même qu'elle est assez heureuse. Mais dans votre groupe de covoiturage, il y a une femme dont la maison reluit de propreté, dont les enfants obtiennent des notes supérieures et qui réussit en affaires ; non seulement cela, mais elle coordonne aussi les activités du quartier, repasse les t-shirts de ses enfants, fait le pain pour la famille et dessine ses propres vêtements. Vous vous comparez à elle et vous avez l'impression de ne pas être à la hauteur. Tous vos talents paraissent insignifiants.

Mon Dieu, comme je vous comprends ! Durant tellement longtemps j'ai mené une croisade personnelle pour devenir, sinon *la* mère, *la* ménagère, *la* femme de carrière parfaite, du moins une candidate à tous ces titres. J'ai assisté à des séminaires qui devaient m'aider à organiser la maison et à mieux organiser mon temps. J'en ressortais le regard brillant d'inspiration. Je gobais toutes les philosophies d'expert, tous les trucs, les attrapes et les recettes, et je me retrouvais avec des tonnes de documents qui allaient, comme par magie, me permettre d'organiser nos horaires et nos besoins. Mon regard brillant n'a jamais duré plus de dix-huit heures. S'installait alors un sentiment de culpabilité et d'incompétence. Qu'est-ce qui ne fonctionnait pas en moi ? Comment se faisait-il que des centaines de milliers de femmes parvenaient à faire de leur maison des refuges parfaits, de leurs bureaux des lieux fonctionnels alors que moi, je ne parvenais pas à servir le souper à temps?

Je ne suis pas du genre à démissionner facilement. Fermement déterminée à résoudre les problèmes de la maison, je me mis à observer comment mes amies harmonisaient leur double carrière, me demandant comment je pourrais, par osmose ou imitation, trouver les habiletés et les techniques nécessaires. J'ai essayé d'être comme elles, ce qui me déprimait encore plus. J'ai décidé de cesser ce manège après m'être comparée à mon amie Suzanne, celle qui est capable de préparer un bœuf Wellington et une tarte Tatin après une journée de travail de dix heures, et d'organiser des horaires annuels pour sa famille. Elle peut aussi trouver le manuel d'instructions du mélangeur qu'elle possède depuis plus de dix ans, elle connaît la date de l'anniversaire de tous ses clients, la couleur favorite de son patron et la taille de ses vêtements, et l'ordre du jour des sept prochaines réunions de travail à son bureau. Elle détient aussi une maîtrise en économie familiale et un baccalauréat en gestion.

Suzanne m'a complètement déprimée. À côté d'elle, j'avais l'impression d'être une idiote. Plus tard, j'ai compris que nous ne pouvons avoir une vue d'ensemble de ce qu'est la vie d'une autre personne. Pendant que j'admirais Suzanne, je ne remarquais pas comment elle s'énervait constamment et ne semblait pas prendre plaisir à faire tout ce qu'elle réussissait pourtant si bien. J'ai peut-être moins accompli qu'elle, mais je me sens satisfaite quand je regarde ce que j'ai accompli.

C'est alors que j'ai compris que je devrais me donner de très bonnes notes pour ma capacité à convaincre les gens d'adopter une idée, ou à organiser des activités amusantes pour Bill et les enfants. Je découvris cela le jour où je me rendis compte que je pouvais, par exemple, organiser une fête formidable chez moi ou n'importe où ailleurs. Je n'ai pas eu à comparer la fête, que ce soit les décorations, l'organisation ou les hors-d'œuvre, avec celle qu'aurait organisée mon amie. J'ai compris que les gens aimaient venir chez nous tout simplement parce que c'était chez nous, pas pour de grands repas gastronomiques ou une décoration avant-gardiste. En fait, nos amis aiment nous visiter, entre autres, *parce que* nos meubles sont confortables et qu'ils aiment l'atmosphère. Pour ce qui est de la nourriture, j'ai appris à demander à Bill de m'aider à cuisiner pour ces fêtes, ce qu'il adore faire, ou à aller chercher des hors-d'œuvre chez le traiteur.

Le fait d'être une personne qui aime la vie et entretient un sentiment de satisfaction n'apparaît jamais sur les listes d'aptitudes ou de talents, mais c'est un aspect fondamental de la vie. Se comparer avec les autres est un bon moyen de perdre son plaisir de vivre. Les comparaisons ne sont pas vraiment utiles, elles ne font que créer et perpétuer le découragement. Cessez toutes comparaisons dès maintenant.

Commencez à compter

Commencez *vraiment* à compter, à énumérer les domaines dans lesquels vous excellez. Même si nos réalisations nous inspirent parfois de la fierté, la vie moderne, qui nous pousse à toujours vouloir faire plus et mieux, ne nous incite pas souvent à prendre le temps de faire la liste de nos réussites et de nous en réjouir.

Une réussite est une réussite, qu'il s'agisse de choses que nous accomplissons régulièrement, comme le lavage ou le rapport semestriel des ventes au travail, ou auxquelles nous travaillons depuis longtemps, comme perdre vingt kilos ou organiser le déménagement de la compagnie dans de nouveaux locaux. Vous avez peut-être donné une fête, il y a un mois, dont vos amis parlent encore aujourd'hui. Vous avez peut-être monté de magnifiques albums pour les enfants avec toutes ces photos que vous conserviez dans des boîtes. Vous avez peut-être tout simplement réussi à passer au travers d'une journée difficile durant laquelle cinq personnes devaient se trouver dans sept endroits différents avec des horaires conflictuels. Ou encore, vous avez fait quelque chose d'inhabituel, comme suivre un cours d'espagnol, obtenir une promotion ou organiser une journée familiale d'entretien du jardin. Peu importe ce que c'est, c'est un accomplissement, une réussite.

Transposer les aptitudes

Vous vous dites peut-être : «Très bien, je suis une personne unique et talentueuse, et j'apprécie mes compétences. Mais qu'en est-il des domaines dans lesquels je suis moins efficace? Même si je ne me compare pas avec la brillante Lucie qui habite au coin de la rue, je sais fort bien qu'il y a des secteurs dans lesquels je me débrouille mal. Que puis-je y faire?»

En premier lieu, sachez que vous n'êtes pas seule. Après des centaines de conversations, j'ai découvert que la plupart des femmes évaluent leur performance comme étant excellente dans deux secteurs de la gestion familiale, médiocre dans deux autres et adéquate dans les trois derniers. Cela s'applique aussi à moi. Vous n'avez qu'à demander à ma famille ou à mon banquier. Ils ne cessent de m'encourager à m'améliorer dans les secteurs de la nourriture et des finances, ce que je fais. Et même si je ne suis pas une sœur Angèle et que je ne fais pas partie d'un groupe de femmes spécialisé dans les placements, je fais des progrès. Et ma façon de le faire, c'est d'appliquer dans ces domaines où je suis moins efficace mes compétences les plus fondamentales.

Par exemple, en cuisine, je compense par un de mes atouts qui est mon sens de la présentation. Comme je l'ai mentionné, quand j'étais jeune je travaillais dans la boutique de ma mère et j'y ai appris beaucoup sur la présentation. Rapidement je me suis rendu compte que je préférais des ambiances joyeuses, mais que j'avais aussi un don pour les créer. (Voilà quelque chose de positif!) Ce talent m'est très utile quand je prépare une cassette vidéo et que je m'occupe du décor ou quand je pense à une idée de mise en page pour un livre ou un article de magazine. L'expérience m'a appris que je possède le sens des couleurs, du style et de l'équilibre, et j'ai compris comment une présentation soignée pouvait transformer l'ordinaire et le médiocre (la majorité de mes repas se situant dans ces catégories) en choses attirantes.

Pensez-y. Plus que partout ailleurs, c'est dans les restaurants qu'on peut constater l'importance de la présentation. J'ai donc commencé à prendre des notes, à étudier les experts quand j'allais au restaurant. Vous êtes-vous déjà demandé pourquoi des pâtes bien ordinaires, sortant probablement d'une boîte comme à la maison, ont l'air de chefs-d'œuvre culinaires dans un restaurant italien? C'est peut-être dû à la sauce maison qui a mijoté durant trois jours, mais c'est aussi un certain panache : le poivre frais moulu, les assiettes colorées, la nappe à carreaux, une fleur dans un vase et les chandelles. C'est ce qui s'appelle créer une ambiance. Or, ce sentiment de vivre un moment spécial, on ne devrait pas le ressentir seulement quand on va au restaurant.

Je ne peux pas préparer une sauce maison qui me demanderait toute la journée d'attention, mais je peux présenter mes pâtes sorties de la boîte et ma sauce, du contenant dans un beau plat de service et les servir dans de jolies assiettes colorées. Je peux aussi susciter des conversations intéressantes durant le repas en demandant à chacun de raconter sa journée ou en parlant de ce que nous faisons ou lisons. Je peux allumer des chandelles et mettre de la musique pour faire oublier les soucis de la journée. Autrement dit, je peux, en faisant appel à mes points forts, réussir dans un domaine où je ne me sens pas très à l'aise.

Nos champs d'incompétence nous offrent l'occasion d'utiliser quelques-unes de nos forces pour transformer ces domaines où nous sommes plus faibles. Récemment je lisais un article intéressant sur les femmes de carrière qui atteignent les plus hauts échelons du pouvoir. Des femmes qui ont brisé les barrières traditionnelles. Ces femmes, selon l'article, possèdent un trait commun, outre leurs compétences intellectuelles, leurs aptitudes en marketing ou en motivation, et leur volonté de prendre des risques et de travailler fort : toutes, à un certain moment de leur carrière, ont hérité d'un service qui fonctionnait mal, dans un domaine que bien souvent elles connaissaient peu, et elles en ont fait un succès. Elles ont utilisé leurs aptitudes pour réorganiser ces services boiteux et renverser la situation.

Pensez-y un moment. Quels sont les secteurs qui fonctionnent mal dans votre gestion familiale ? Pourquoi ? Est-ce vraiment parce que vous êtes une horrible cuisinière ? Ou parce que vous êtes congénitalement une personne en retard ? Ou encore que vous tuez les plantes à un rythme alarmant ? Ou est-ce parce que vous n'avez pas encore trouvé le moyen de transposer vos talents dans ces secteurs ?

Les femmes dont on parlait dans cet article ont vu une chance là où d'autres ne voyaient que des problèmes. Elles ont aussi voulu appliquer leurs forces dans des secteurs de l'entreprise qui étaient faibles.

Connaître vos forces et vos faiblesses constitue la première étape pour pouvoir utiliser efficacement vos compétences. Puis il s'agit de vous féliciter régulièrement quand vous réussissez. Voici quatre stratégies que j'ai utilisées, comme plusieurs autres femmes. Elles m'ont permis d'accroître le champ de mes forces et de minimiser mes faiblesses.

Vous gagnez trois fois

Tenez compte de vos principales compétences quand vous vous offrez comme bénévole à l'école. Si vous êtes créative, proposez de prendre en charge la décoration de la classe pour la période des fêtes. Demandez à votre enfant de vous aider. Si vous êtes bonne organisatrice, vous pouvez coordonner la collecte de fonds. Un enfant plus âgé peut vous aider à tenir les comptes et à faire des appels téléphoniques. Si vous aimez le contact avec le public, occupez-vous d'un stand lors du festival d'automne. Peu importe ce que vous faites, engagez-vous dans des projets sur lesquels vous pouvez travailler à la maison ou durant les fins de semaine. Associez toujours vos enfants à ces projets. Non seulement ferez-vous quelque chose que vous aimez, mais vos enfants apprendront aussi la valeur du bénévolat et vous passerez du temps ensemble.

---

1. Développez votre avantage compétitif

Vous le faites au travail, alors pourquoi pas à la maison? Les Japonais, qui encouragent la compétition, emploient le terme *kaisen*, qui signifie l'accroissement constant de sa valeur. Non, personne n'excellera jamais dans tout, mais chacun peut apprendre de nouvelles aptitudes ou améliorer celles qu'il possède. Dans quel domaine désirez-vous mieux réussir? Comment pourriez-vous le faire? Pourriez-vous suivre des cours? Est-ce que de la pratique aiderait? Y a-t-il quelqu'un à qui vous pourriez demander de vous enseigner comment il ou elle fait certaines choses ? Ou la solution consiste-t-elle à trouver un moyen de faire des choses que vous n'aimez pas vraiment, comme les travaux ménagers ?

Je connais une femme qui doit constamment bouger, physiquement et intellectuellement. Parfois, elle a l'impression que sa performance est plutôt médiocre dans le secteur Maison et patrimoine, en particulier dans le domaine de l'entretien ménager. C'est une femme entrepreneur qui travaille à la maison et qui a toujours trois ou quatre projets en marche. Elle aime accomplir beaucoup. Elle est attirée par la quantité. Elle a donc décidé de s'attaquer à sa performance dans l'entretien ménager un peu comme une coureuse s'améliore en retranchant des fractions de seconde à sa foulée. Quand elle s'arrête un moment, elle calcule combien de papiers éparpillés, de vêtements ou de paires de souliers elle peut ranger en cinq minutes. Elle a découvert qu'elle pouvait nettoyer les toilettes et un évier en cinq minutes. Trois répits de cinq minutes et toute la salle de bains est propre. Cinq minutes de plus et le lave-vaisselle est vidé. Un autre cinq minutes et la laveuse est pleine, de même que la sécheuse. Pour cette femme, augmenter sa compétitivité ne consistait pas à s'asseoir et à se demander comment nettoyer la maison. Il ne s'agissait pas non plus d'ajouter plus de tâches dans ce domaine sur sa Liste de cibles. Elle avait essayé cela et sa performance dans le nettoyage ne s'était pas améliorée. Le truc pour elle, c'était la satisfaction de passer moins de temps à faire plus de choses : aller toujours plus vite.

La délégation est un secteur intéressant où développer son esprit de compétition. Observez des maîtres en action. Demandez à une amie ou à une collègue de partager ses techniques. Soyez inventive. Par exemple, une femme qui suit des cours pour améliorer ses habiletés en communication écrite au travail apprendra peut-être, par la même occasion, à mieux exprimer ses désirs et ses besoins. Cette habileté est évidemment facile à transposer dans le secteur de la délégation. Il nous est impossible de déléguer si nous ne pouvons dire spécifiquement ce dont nous avons besoin et ce que la personne doit faire.

Avoir un esprit de compétition peut vouloir dire faire plus de choses, ou accomplir des tâches plus rapidement ou plus efficacement, ou encore acquérir de nouvelles compétences pour compléter celles qu'on possède déjà. Mieux accomplir une tâche ne signifie pas nécessairement l'accomplir à la perfection ou à un taux de réussite de 95 %. Non, parfois, et c'est paradoxal, cela peut vouloir dire que vous abaissez vos normes. Disons que vous vous comparez sans cesse avec votre mère dont le plancher était tellement propre que vous pouviez y manger. Elle avait ainsi établi la norme pour une maison propre. Dans votre emploi, vous avez probablement appris la notion de rendement sur l'investissement. Vous n'engageriez jamais le temps et l'argent de votre entreprise dans un projet qui ne produirait pas un bon rendement sur l'investissement. Peut-être devriez-vous abaisser vos standards à un niveau où vous serez satisfaite du rendement sur votre investissement.

2. Contournez vos points faibles

Quand c'est possible, déléguez une tâche à quelqu'un qui est plus compétent que vous dans ce domaine. Cela démontre votre qualité de leader et non pas votre faiblesse dans ce secteur. Un bon leader trouve la meilleure façon d'effectuer le travail. Si cela signifie qu'il faut demander à quelqu'un d'autre de faire le travail, il est sage de profiter de son talent. (Relisez à ce sujet le chapitre 5 sur la délégation et la communication.) Je vous rappelle que, lorsque vous déléguez, vous développez bien sûr vos talents de leader et de gestionnaire familiale, mais vous faites aussi autre chose : vous rendez un grand service à vos enfants en leur faisant découvrir comment, en coopérant, on peut créer un environnement où il fait bon vivre. Vous leur permettez aussi de développer des aptitudes dont ils auront besoin dans leur vie adulte.

Vous pouvez aussi surmonter certaines de vos faiblesses en utilisant une ou deux de vos forces. Si vous jouez au tennis, vous savez qu'il y a des façons de remédier à un faible revers. Vous pouvez suivre des cours pour améliorer votre revers. Vous pouvez vous positionner sur le court de telle sorte que vous n'ayez pas à l'utiliser souvent. Vous pouvez développer un

Dix stratégies pour contourner vos points faibles

Le secret consiste à remplacer ce que vous n'aimez pas faire ou ce que vous ne faites pas très bien par ce que vous aimez faire et faites bien. Vous pouvez appliquer ces trucs aux achats, au troc, à l'engagement du personnel, à la délégation ou à la communication. Utilisez les idées qui peuvent s'appliquer à votre vie et inspirez-vous-en pour développer vos propres stratégies.

• Troquez avec une amie. Elle organise votre système de classement et vous vous occupez de son jardin.

• Demandez à votre ado qui aime conduire d'aller mener l'automobile au garage pour les réparations.

• Trouvez un dentiste qui téléphonera pour vous prévenir qu'il est temps de procéder à votre examen régulier.

• Si vous ne supportez pas le désordre mais êtes incapable de cesser de tout laisser traîner, placez de jolis coffres dans des endroits stratégiques : la salle de séjour, la cuisine, votre chambre à coucher. Vous rangerez le tout quand ils seront pleins.

• Achetez vos desserts et vos hors-d'œuvre si vous n'êtes pas une bonne cuisinière.

• Faites un pacte avec votre mari pour que l'un rappelle à l'autre, gentiment, d'accomplir les tâches que tous deux vous trouvez désagréables.

• Ne vous complaisez pas dans le découragement. Entendez-vous avec une amie pour vous téléphoner si l'une ou l'autre se sent incompétente.

• Achetez des vêtements infroissables si vous n'êtes pas bonne dans le repassage ou si vous n'aimez pas cela.

• Acceptez un contrat de plus et, avec l'argent gagné, engagez quelqu'un pour faire le travail du printemps dans le jardin.

• Si vous aimez faire de l'exercice mais que vous ne parvenez pas à trouver le temps d'en faire, entendez-vous avec une amie pour aller au gymnase toujours le même jour et à la même heure.

service plus puissant qui empêchera votre adversaire de retourner la balle du côté de votre revers. Vous pouvez aussi avoir une attitude qui cachera votre faiblesse au début. En fait, vous ferez probablement toutes ces choses sans même vous en rendre compte.

En gestion familiale, si vous possédez un faible revers dans le domaine des finances, vous pouvez assister à un séminaire sur la gestion financière. Pour faire le rapprochement de vos états bancaires, vous pouvez engager un étudiant en comptabilité. Ou encore, vous pouvez surmonter votre faiblesse : utilisez votre capacité d'organisation pour faire en sorte que tout soit bien en place pour que vous puissiez payer vos factures à temps. Utilisez votre capacité de vous récompenser pour un travail bien fait en vous assurant que vous vous accorderez un plaisir favori après avoir complété votre travail financier. Utilisez votre talent de créatrice d'ambiance pour installer un coin comptabilité agréable, avec de jolis tableaux et tous les outils nécessaires, stylos, enveloppes, papier, timbres, cahier de comptabilité. Servez-vous de vos qualités de recherchiste pour trouver une banque qui paiera automatiquement vos factures en vous imposant le minimum de frais, ou pour trouver des endroits où vous en obtiendrez plus pour votre argent, que vous achetiez en petite ou en grosse quantité. Vous avez des talents pour la planification ? Achetez des boissons gazeuses dès le 24 juin, pour profiter d'un prix de vente intéressant, même si la fête pour l'équipe de baseball n'aura lieu qu'au mois d'août ; achetez vos vêtements pendant les soldes de fin de saison en sachant ce dont vous aurez besoin dans six mois. Cela peut s'appliquer autant à un climatiseur que vous achetez en novembre qu'à un manteau que vous vous procurez en mai.

3. Adaptez vos forces

Concentrez-vous sur vos forces et cherchez des moyens de les adapter dans d'autres secteurs. Une femme que j'ai rencontrée à un séminaire sur la gestion familiale me racontait qu'elle avait été présidente de compagnie et qu'elle avait démissionné après avoir accouché pour être à la maison à plein temps. Rapidement, la frustration s'était installée. Elle n'était pas douée pour les travaux ménagers. «Je n'arrivais pas à comprendre, me disait-elle. Je pouvais faire fonctionner une entreprise, mais pas ma maison.» Puis elle m'expliqua que les principes qu'elle avait appris durant le séminaire l'avait éclairée. «Évidemment, dit-elle, soulagée, je dois tout simplement adapter les habiletés que j'utilisais dans l'entreprise pour les rendre efficaces à la maison.» Elle savait qu'elle pourrait gérer sa maison dans cet esprit et qu'elle réussirait.

Même en écrivant ce chapitre, j'ai trouvé un moyen de diminuer une de mes frustrations. Si vous veniez dans ma cuisine et que vous ouvriez les tiroirs, les armoires, le garde-manger et le réfrigérateur, vous les trouveriez bien rangés. Mais si vous ouvrez le congélateur, faites attention de ne pas recevoir quelque chose sur le pied. Tous les aliments y sont empilés un peu n'importe comment. Croyez-moi, cela n'a rien pour m'inspirer quand je me demande ce que je vais préparer pour le souper. Je peux difficilement dire ce qu'il y a dans le congélateur. Du moins, je ne le pouvais pas jusqu'à la semaine dernière. Je me suis rendu compte que j'étais bonne dans l'organisation et le classement des choses, un talent que j'utilise dans l'écriture. Pourquoi ne pourrais-je alors pas organiser les aliments congelés de la même manière que je le fais avec des idées sur l'éducation des enfants, la gestion du temps, l'entretien ménager et les vacances? Cela peut vous sembler simpliste, mais ce fut pour moi une grande découverte. J'ai même mis des étiquettes sur les étagères du congélateur — pain, viande, légumes, desserts, jus —, exactement comme je le fais avec mes dossiers. Qui plus est, j'y ai pris du plaisir, même si j'étais dans la cuisine!

Dans le tableau à la page suivante, vous trouverez une liste d'aptitudes qui peuvent être transférées de votre vie professionnelle à votre carrière de gestionnaire familiale, de même que d'un secteur à l'autre de la gestion familiale. Servez-vous de cette liste comme d'un point de départ. Pensez à vos forces et imaginez comment vous pouvez les transférer.

Si vous pouvez	Vous pouvez
• organiser un système de classement	• tenir les comptes et toujours savoir où se trouvent les garanties et les manuels d'instructions
• bien utiliser votre temps au travail	• trouver la manière de faire la même chose à la maison
• travailler sur trois projets à la fois	• faire la même chose à la maison en pensant à vos tâches comme à des projets et non comme à des activités désagréables
• bien vendre un produit	• vendre à votre famille l'idée de contribuer aux tâches domestiques
• suivre des recettes compliquées	• suivre des instructions d'assemblage complexes tout simplement en faisant comme avec la recette, c'est-à-dire en suivant pas à pas les instructions
• planifier le lancement d'un nouveau produit un an d'avance	• planifier des projets spéciaux comme les vacances ou les réunions familiales
• réunir tous les matériaux nécessaires pour réaliser avec vos élèves un projet artistique et créatif	• réunir tout ce qu'il faut pour préparer un repas imaginatif
• créer une ambiance chaleureuse pour un repas d'affaires	• créer une ambiance agréable pour faire le lavage ou payer les factures
• penser à des façons créatrices de jouer	• penser à des façons créatrices de travailler

- faire de la recherche sur de nouvelles technologies au travail
- vous assurer que vos enfants mangent sainement et font de l'exercice
- lire des revues spécialisées qui vous inspirent dans votre travail
- diriger une équipe pour réaliser un projet au bureau

- faire de la recherche pour l'achat d'un four à micro-ondes
- vous assurer que vous mangez sainement et faites de l'exercice
- lire des livres qui vous inspireront dans votre vie émotive et spirituelle
- diriger votre équipe à la maison pour réaliser un projet

4. Apprenez à surmonter vos incompétences

La meilleure façon de surmonter vos incompétences, c'est de mettre l'accent sur les secteurs dans lesquels vous excellez. Puis trouvez quelque chose que vous aimez dans les domaines où vous n'excellez pas et concentrez-vous sur cette chose. Si vos amis et votre famille constituent une de vos priorités mais qu'organiser des fêtes provoque chez vous des brûlements d'estomac, faites plutôt ce que vous aimez faire. Soyez une personne qui trouve des façons uniques de fêter et de célébrer les gens qui vous sont chers. Plutôt que de vous forcer à organiser une grosse fête ou un repas cinq services, invitez spontanément des amis à un repas où chacun apporte un plat. Ou encore, quand vous avez une soirée libre, pourquoi ne pas inviter une autre famille pour le dessert et puis regarder un film ensemble? Allez faire les courses avec une amie. Vous pouvez aller prendre un café avant ou après et transformer ainsi en occasion agréable ce qui constitue pour vous deux une tâche obligatoire. Je connais une femme qui depuis dix ans a un rendez-vous fixe avec une amie pour faire des achats un peu avant Noël. Toutes deux, comme tout le monde, ont sur leur liste le nom de personnes à qui il est difficile d'acheter des cadeaux. Avec les ans, elles ont appris à connaître ces personnes et elles s'échangent des suggestions fort originales. Elles sont de bon conseil l'une pour l'autre et s'évitent ainsi le syndrome du magasinage-de-dernière-minute-qui-nous-fait-acheter-n'importe-quoi-même-si-c'est-trop-cher. En plus, elles s'amusent, bavardant pendant qu'elles vont d'une boutique à l'autre.

Le secret est simple. Les aptitudes que vous utilisez lorsque vous faites quelque chose que vous aimez, que ce soit au travail, à la maison, dans vos passe-temps ou vos loisirs, peuvent être transposées pour vous aider dans d'autres tâches.

Une fois que vous avez accompli tout ce que vous pouvez avec les talents que vous possédez, réfléchissez à comment vous pouvez vous améliorer dans les domaines où vous êtes moins talentueuse. Il n'existe aucune loi qui dit que vous devez demeurer avec ce que la nature vous a donné. Tout le monde peut apprendre. Cela ne signifie pas que vous serez également à l'aise dans les sept secteurs. Vous vous sentirez certainement moins brillante dans certains domaines. Rien de plus normal. Personne n'excelle dans *tout*. De plus, j'ai découvert que nos apprentissages concernent le plus souvent des domaines pour lesquels nous ne sommes pas très douées parce que nous savons que nous avons besoin d'aide et que nous sommes désireuses de l'obtenir. Si vous êtes une bonne couturière, vous pourriez décider d'apprendre à construire des étagères. Fabriquer, c'est fabriquer, que ce soit avec du tissu ou du bois. Si vous avez beaucoup d'énergie mais peu de talent pour l'entretien de l'automobile, vous pourriez vous inscrire à un cours de mécanique de base. Dans les deux cas, votre envie de vous améliorer vous apportera des résultats positifs.

Soyez flexible

Récemment, j'ai passé l'après-midi avec une amie médecin. Elle m'a confié quelque chose à propos de son travail qui m'a beaucoup surprise. Quand elle commence une opération, elle connaît toujours l'objectif ou le résultat. Ce peut être un accouchement ou l'excision d'un kyste sur un ovaire. Elle possède le talent pour ce travail, mais elle doit aussi être flexible. «Le corps de chaque femme est différent, m'expliquait-elle, et je ne sais jamais qu'elle sera mon approche tant que je ne fais pas face à la situation.» Je me suis dit qu'il fallait que nous agissions avec la même flexibilité chaque fois que nous utilisons nos talents respectifs. Au lieu de nous énerver quand nous avons planifier l'horaire de la soirée mais que notre famille ne coopère pas, pourquoi ne pas être flexibles quant à l'heure du souper, des devoirs ou des tâches ménagères ? Du moment que le but final — que les enfants soient au lit à vingt et une heures — soit atteint.

Nous avons toutes des objectifs à court et à long terme. Nous ne savons comment nous les atteindrons que lorsque nous nous y attaquons. Quand nous refaisons la décoration d'une pièce, nous savons quel effet nous recherchons, par exemple une pièce agréable, claire et facile à nettoyer. Mais il y a d'autres facteurs, ne serait-ce que le coût. Alors qu'une de mes amies refaisait son salon, elle fit des recherches sur les types de rideaux ou de stores qu'elle pourrait utiliser dans ses fenêtres françaises. Elle fut renversée par les prix. Puis un jour, alors qu'elle cherchait autre chose, elle vit des paravents. «Tiens, tiens, se dit-elle, on peut masquer les fenêtres autrement qu'avec des rideaux ou des stores.» Elle a placé deux écrans blancs devant ses fenêtres, qu'elle peut plier et enlever quand elle veut. Tout cela pour le tiers du prix des autres solutions.

Allez-y, amusez-vous !

Par-dessus tout, jouissez des aptitudes dont vous avez été dotée. Allez de l'avant et prenez le plus de plaisir possible à faire les choses dans lesquelles vous excellez et ne laissez personne vous priver de ce plaisir. Toutes, nous possédons de multiples talents et nous devrions leur faire honneur en les

---

Une stratégie intelligente

Mener de front deux carrières exige un ensemble de talents que personne ne possède. Il y aura toujours des travaux que vous haïrez. La clé du succès, c'est d'apprendre à travailler avec vos forces, à contourner les problèmes dans les domaines où vous êtes moins compétente et à profiter de l'aide de ceux qui ont les talents appropriés.

utilisant à fond. Une de mes plus grandes joies survient quand j'utilise les dons que j'ai reçus.

Vous n'avez pas à prouver que vous êtes intelligente et compétente, cela est acquis. Vous devez seulement chercher à vous améliorer et à vous amuser le plus possible.

Pour conserver votre équilibre

- Votre compétence comme gestionnaire familiale est déjà établie.
- Identifiez les domaines dans lesquels vous êtes compétente et félicitez-vous d'avoir des talents. Soyez votre propre meneuse de claque.
- Reconnaissez vos faiblesses, mais ne les laissez pas vous dévorer. Les meilleures d'entre nous ont elles aussi des faiblesses.
- Considérez les domaines où vous êtes moins compétente comme des occasions d'amélioration et non pas comme des obstacles.
- Dans vos deux carrières, soyez compétitive dans le sens positif du terme.
- Mettez l'accent sur les domaines dans lesquels vous excellez.
- Jouissez de vos talents et utilisez-les au maximum.

8

Transformer les obstacles en tremplins

*La vie est comme une meule. Mais il ne
dépend que de nous qu'elle nous po-
lisse ou nous gruge.*

L. Thomas HOLDCROFT

Quand je pense à nos vingt-six ans de vie familiale, je vois
de magnifiques images. Nous retapons des vieux meubles un
samedi ; nous organisons des tournois de cartes qui durent
jusqu'aux petites heures du matin ; tout le monde rit de mes
chutes à ski ; nous sommes en pique-nique au parc et nous
faisons voler des cerfs-volants ; ensemble, nous allons donner
à des amis une portée de chiots. Mais je me souviens aussi de
moments angoissants : des enfants malades, des chirurgies, des
catastrophes financières, des relations difficiles, des critiques
non méritées et d'autres méritées, des électroménagers et une
automobile qui ne fonctionnent pas, des colères, des accidents,
et d'autres encore.

Même si c'était il y a un an, il me semble que c'est hier que
Joel et moi avons quitté Nashville à l'aube pour nous rendre
jusqu'à Waco, au Texas, où il commençait sa première année
à l'université Baylor. Nous nous sommes arrêtés à Dallas pour
louer une voiture à l'aéroport de telle sorte qu'il conserve la
sienne et qu'après l'avoir laissé à Waco je puisse revenir à
Dallas pour assister à une réunion d'éditeurs, puis pendre
l'avion jusqu'à Nashville.

Pendant que Joel me suivait sur l'autoroute vers la fin de notre voyage, la pluie se mit à tomber, une pluie dense et drue qui nous obligea à ralentir. Je regardai dans le rétroviseur pour le voir et finalement les phares de sa voiture apparurent. Puis, horrifiée, je vis sa voiture glisser, hors de contrôle, sur la chaussée et, une fraction de seconde plus tard, sauter un garde-fou pour s'écraser dans un champ. Mon cœur palpitait pendant que je tentais de conserver la maîtriser de mon propre véhicule. Je quittai la route, fit un virage dans l'herbe et traversai le champ jusqu'à lui.

Heureusement, l'auto de Joel n'avait pas fait de tonneaux. Il était ébranlé mais pas blessé. Ce fut épouvantable et, quand je me remémore cette scène, je ne peux m'empêcher de penser que c'est l'image de ce que nous ressentons souvent. Nous avançons dans la vie en tentant de conserver une direction favorable pour notre vie familiale, puis, tout à coup, nous perdons le contrôle. Des problèmes imprévus interrompent nos plans et notre vie, et nous ébranlent.

Certains de ces problèmes sont relativement anodins, bien qu'ils ne le paraissent pas quand ils surviennent, et on peut facilement trouver des solutions. En peu de temps, la catastrophe se transformera en sujet de blague familiale. Ma recette de dinde en croûte fait partie de cette catégorie. Si vous n'avez jamais tenté d'envelopper une dinde de dix kilos avec de la pâte feuilletée, croyez-moi, ça ne vaut pas la peine d'essayer. Et à deux heures de l'après-midi le jour de l'Action de grâce, quand vous vous rendez compte devant vingt convives affamés que la croûte est brûlée et la dinde, encore saignante, la catastrophe peut se comparer à la pire inondation du siècle. Mais ce n'est pas le cas. Et il est facile de transformer ce malheur en blague qui comporte une petite leçon pour tout le monde. Quant à moi, je suis maintenant les conseils d'une amie, cuisinière hors pair : le jour de l'Action de grâce, faites des choses simples et respectez la tradition.

Mais nous connaissons aussi d'autres situations plus compliquées et sérieuses, et qui ne portent nullement à rire. Il n'existe pas de leçon facile et évidente à tirer quand il y a un décès dans la famille ou qu'un enfant est malade et endure la douleur ou que le conjoint perd son emploi. Nous sommes tous humains. Parfois, il nous est impossible de comprendre pourquoi certaines choses nous arrivent. Nous ne parvenons pas à comprendre pourquoi quelqu'un qui ne lève jamais le petit doigt est enseveli sous les félicitations alors qu'on vient de se tuer au travail et qu'on pense mériter un juste repos.

Je ne suis ni psychologue ni thérapeute. Et je serais la première personne à vous conseiller, si vous êtes débordée par les problèmes et que la vie vous joue un mauvais tour, de demander l'aide de personnes compétentes. Cela peut atténuer la douleur et fournir de nouvelles avenues pour faire face à des problèmes difficiles. Nous avons parfois besoin de l'aide des experts. Quand nous sommes malades, peu d'entre nous hésitent à consulter un médecin. Dans mon esprit, il est toujours raisonnable de consulter un thérapeute durant une crise personnelle, de demander l'avis d'un conseiller spirituel quand sa foi est ébranlée, de demander conseil à un expert financier quand on a des difficultés d'argent ou d'aller voir un consultant en carrière quand ça ne va pas au travail.

Dans ce chapitre, nous allons discuter de solutions. Nous allons voir comment résoudre des problèmes qui sont à notre portée et qui nuisent à notre mission familiale ou à nos objectifs personnels. Peut-être s'agit-il d'une situation pénible qui dure, ou d'une déception qui fait en sorte que notre journée — et notre personnalité — passe du désagréable à l'insupportable. Que pouvons-nous changer et comment le faire?

Réactions et réponses

En premier lieu, nous devons apprendre à répondre plutôt qu'à réagir. La réaction est un réflexe instinctif, souvent provoqué par la colère ou la frustration. Elle entraîne souvent encore plus de problèmes, autant pour nous que pour les autres. Il faut absolument prendre le temps de penser à comment résoudre le problème auquel nous faisons face. Nous avons toutes connu des situations qui nous mettent dans un état de panique et qui nous paralysent. Cela peut arriver si facilement. J'ai réagi ainsi une fois alors que l'éditrice d'un magazine me demandait d'apporter des corrections mineures à un article.

Je l'ai à peine écoutée et n'ai pas compris qu'il ne s'agissait que d'un tout petit problème que quelques modifications dans l'introduction et la conclusion résoudraient. J'ai plutôt réagi : pourquoi n'aimait-elle pas mon article ? J'y avais travaillé si fort. Elle haïssait mon travail. Elle ne me demanderait jamais plus d'écrire pour elle. Puis je me suis mise en colère contre elle parce qu'elle ne comprenait pas mon texte. Je réorganisai complètement mon horaire des deux jours suivants enfin de trouver une quinzaine d'heures pour réécrire l'article au complet. En réalité, j'aurais simplement dû parler un peu plus avec elle, cerner précisément le problème et prendre trente minutes pour le corriger. J'aurais pu le faire si j'avais pris le temps d'écouter attentivement, de réfléchir, puis de faire face au problème.

Je suis très bonne aussi pour mettre les problèmes dans cette curieuse machine que l'on ne décrit pas dans les livres médicaux, mais qui existe dans le cerveau et qui a pour fonction de tout magnifier. J'ai découvert que cette machine à agrandir fonctionnait toute la journée, mais particulièrement la nuit. Dans ces moments où l'on est étendue, complètement éveillée, et qu'on n'arrête pas de penser, par exemple, à un client que l'on vient de perdre. Curieusement, nous transformons un événement relativement banal en véritable scène de téléroman. Nous ne pourrons plus jamais travailler dans notre profession. Nous allons faire faillite, perdre la maison ou dépenser toutes nos économies. Quand nous faisons marcher cette machine, la dernière chose à laquelle on pense, c'est de trouver un autre client ou de téléphoner à celui qu'on a perdu pour tenter de le convaincre de changer d'idée.

Ou encore, nous ne cessons de penser aux désappointements d'un enfant sur le terrain de soccer ou dans ses cours de danse. Le pauvre ou la pauvre ne réussira jamais dans les sports d'équipe, n'aimera jamais plus la danse, ne tentera jamais plus de nouvelles expériences, et ainsi de suite.

Une autre façon de réagir consiste à se refermer sur soi-même et à nier la réalité. Cela survient souvent, encore une fois, quand nous transformons un petit problème en montagne insurmontable. Nous perdons une seule vente, et notre carrière est en péril. Et évidemment il n'y a rien à faire, donc nous ne bougeons pas. Cela ressemble beaucoup à la technique qui consiste à dire que si on ignore le problème il disparaîtra comme par magie, ou encore que le problème n'existe pas parce que nous disons qu'il n'existe pas. Il y a bel et bien un problème si un enfant de trois ans frappe ses petits camarades de jeu. Et ce n'est pas en disant que l'enfant est «mignon», que ce n'est qu'un stade de développement ou que les enfants seront toujours des enfants que vous allez lui apprendre que frapper quelqu'un n'est pas un comportement acceptable. Je ne soutiens pas, bien sûr, qu'un enfant qui en frappe un autre à la maternelle va devenir, adulte, un meurtrier maniaque. Mais il est fort possible, si on ne règle pas immédiatement le problème, que l'enfant n'apprendra jamais comment agir pour s'entendre avec les gens dans la vie. En somme, la réaction spontanée à un problème ne le résout jamais.

On dirait qu'on nous a appris à inconsciemment réagir avec notre instinct. La majorité d'entre nous avons grandi avec la télévision. Nous nous attendons à ce que la vie se déroule comme un épisode de trente minutes d'une comédie de situation. Il y a trois actes, entrecoupés par des pauses publicitaires, et la conclusion est toujours agréable. Nous nous moquons et disons que cela ne s'applique pas à nous. Mais nous continuons, dans nos vies, à réagir instinctivement aux problèmes comme s'il existait des solutions magiques qui règlent tout une fois pour toutes. Puis de nouveaux problèmes se présentent, plus gros. Ou encore nous les passons dans notre machine à agrandir, ou nous nous cachons la tête dans le sable ou, enfin, nous fuyons la réalité.

Faire face aux problèmes pour les régler est une tout autre histoire. C'est un processus plus lent. Il faut écouter attentivement, examiner et réajuster souvent nos comportements, et trouver des avenues de solution avant de passer à l'action.

Une question d'attitude

Tout comme il est certain que le jour suit la nuit, vous, moi et nos familles pouvons devenir plus fortes dans les moments difficiles. Personne n'aime connaître l'expérience de la douleur.

Mais on ne peut l'éviter. Deux choix s'offrent à nous. On peut tenter d'éviter la douleur en refusant de faire quoi que ce soit qui est difficile pour nous. Autrement dit, en refusant de vivre. Ou nous pouvons apprendre à y faire face et à essayer de résoudre les problèmes. La fuite devant la douleur crée une vie superficielle. L'acceptation de la douleur et la recherche d'éléments positifs favorisant la croissance développent la personnalité.

Pour réussir cela, il faut être tenace. Malheureusement, c'est une qualité qui ne nous est pas très familière. Nous sommes habitués à faire développer nos photos en une heure et à faire vidanger l'huile de notre voiture en dix minutes; si on ne peut faire cuire tel aliment dans le four à micro-ondes, on se demande si cela vaut la peine de le faire cuire. Nous faisons partie de la génération de l'instantané et nous voulons, pour nos problèmes, des solutions instantanées. Et quand ils ne se règlent pas instantanément, nous voulons les fuir, changer quelque chose, n'importe quoi : de travail, de mari, d'enfants, de maison, de ville. Nous n'aimons pas la douleur et nous n'aimons pas travailler patiemment sur un problème.

J'ai découvert que les problèmes que j'aimerais fuir sont généralement ceux qui pourraient m'améliorer. Si mon objectif est la disparition immédiate de la douleur, la démission apparaît comme une bonne solution, un peu comme l'héroïne. Mais si je m'attarde à l'ensemble de la situation, je découvre que la douleur fait partie de mon processus permanent d'apprentissage de la vie. Peut-être puis-je apprendre à supporter les moments difficiles, en sachant qu'ils sont passagers et qu'ils me seront utiles, d'une manière ou d'une autre.

Pour mon attitude dans un moment difficile, je ne peux blâmer ni la situation ni quelqu'un d'autre. Plus je vieillis, plus je me rends compte que j'ai peu de contrôle sur les événements et sur les gens. Cependant, j'ai la liberté de choisir ce sur quoi je vais me concentrer, et cela influence considérablement mon attitude et ma capacité de résoudre le problème.

Dernièrement, je me suis rendu compte que je pouvais prendre des leçons d'attitude de mon père. Même si l'arthrite l'a progressivement handicapé depuis trente ans, je ne l'ai jamais entendu se plaindre. Même quand sa douleur était évidente et qu'il avait de la difficulté à marcher, il venait à la maison et disait combien il était heureux d'y être. Il croit qu'il n'est pas utile de se complaire dans ses problèmes. Il ne perd pas son temps à se dire qu'il devrait pouvoir encore monter cinq étages à la course. Plutôt, il se réjouit d'être au moins capable de marcher et tente de jouir de la vie.

Devant chaque problème, nous avons le choix de nous concentrer sur un aspect plutôt qu'un autre. Je veux être comme mon père, capable de me concentrer sur ce qui fonctionne et non pas sur ce qui ne fonctionne pas. Je ne veux pas dire faire semblant que tout est beau, ce qui est une forme de réaction et non pas une réponse raisonnable. Je veux dire faire face à un problème en étant consciente que je ne suis pas impuissante et que quelque chose de positif peut résulter de la situation.

Mardi dernier, dans notre maison-bureau, c'était un enfer téléphonique. Nos deux lignes ne fonctionnaient plus, de telle sorte que le télécopieur était hors d'usage et que nous ne pouvions plus utiliser le courrier électronique. Évidemment c'était la journée la plus occupée de l'année. J'arrivais difficilement à penser que quelque chose de positif pourrait résulter de cette situation. Il fallait que je communique avec l'extérieur... immédiatement! Je n'avais pas du tout la bonne attitude, je ne faisais que réagir. Je dis à Bill qu'il faudrait appeler la compagnie de téléphone. Bill, monsieur Je-peux-le-faire-au-lieu-de-payer-quelqu'un, décida plutôt de ramper sous la maison pour voir s'il ne pourrait pas remédier à la situation. Ma frustration grandissait. Comment espérer quelque chose de positif de téléphones et d'un mari têtus? Bill ne parvint pas à réparer les lignes téléphoniques, mais pendant qu'il était là il découvrit un tuyau d'eau chaude qui fuyait. Je ne sais combien de temps cela nous aurait pris pour trouver cette fuite si Bill n'avait pas été aussi têtu et combien cette fuite nous aurait coûté. Sûrement beaucoup. Et finalement, même s'il a fallu appeler la compagnie de téléphone *et* le plombier, je suis heureuse de ce que Bill a fait.

Quand je ne suis pas contente de mon attitude, je rêve qu'il existe un endroit, un peu comme un garage, où je pourrais aller

Dans une famille, quand vous affrontez un problème, une perspective positive entraîne des conséquences fascinantes sur les relations interpersonnelles. En cherchant le positif, on élimine le besoin de faire des remarques critiques et de manipuler les gens. Comme de toute manière ces tactiques ne fonctionnent jamais, on rend service à tout le monde en se concentrant sur sa propre attitude et en laissant tomber la mauvaise habitude qui consiste à ne penser qu'à ce qui ne va pas et à blâmer tout le monde.

pour faire faire sans douleur tous les ajustements et les remplacements de pièces nécessaires en quelques heures. Je les paierais et rentrerais à la maison remise à neuf. En fait, ce genre de changement prend plus que quelques heures et personne ne peut le faire pour nous. Il faut le faire soi-même.

J'ai découvert qu'il est utile d'avoir quelqu'un qui vous tient responsable de votre attitude. J'ai deux amies qui font cela pour moi. Chaque fois que je suis sans raison trop négative ou critique, elles me rappellent gentiment mais fermement à l'ordre. Et je remplis le même rôle pour elles.

L'approche

Il y a quelques années, je passais à travers une période difficile; mon attitude était positive, mais je ne savais comment

Des questions à se poser pour faire la mise au point de son attitude

- Quelle est ma part de responsabilité dans la dispute? Comment mon attitude contribue-t-elle à la faire durer?
- Lorsque je fais face à un problème, le verre me semble-t-il à moitié plein ou à moitié vide?
- Suis-je satisfaite de mon comportement dans la situation *a*, *b*, ou *c*? Quelle attitude entraîne ce comportement?
- Qu'est-ce qui me pose problème dans ce problème?

résoudre le problème auquel je faisais face. J'avais l'impression d'être complètement dépassée et je ne savais pas quoi faire. Une amie me soumit une énigme. Quand un cheval ressemble-t-il à un violon? Seulement quand vous surplombez le cheval de haut. Pensez-y. Si vous regardez un cheval de haut, il n'a pas la forme d'un cheval, il a celle d'un violon. Ce que mon amie tentait de me dire c'était de regarder mon problème dans une nouvelle perspective et de trouver un angle nouveau. Quand nous faisons cela, nous commençons souvent à trouver la solution.

Quand j'ai décidé de réaliser mon rêve d'écrire des livres pour aider les autres femmes à mieux vivre leur vie familiale, je n'avais pas de maison d'édition. De plus, je n'avais jamais suivi de cours d'écriture et je n'avais rien écrit d'autre que mon journal personnel depuis que j'avais terminé mes études. Tout cela pouvait mettre en péril mon rêve d'écrire. Je décidai d'examiner la situation de différents points de vue. Je me mis à lire des livres, énormément de livres, écrits par de bons auteurs et je prenais des notes sur leur style. Je lus aussi des manuels sur les techniques de l'écriture et je m'inscrivis à un cours dans un collège local. Puis un autre problème apparut, celui de l'argent que je n'avais pas. Je publiai donc mon premier livre à compte d'auteur avec une amie. Un investissement de 2 000 $ qui nous permit d'imprimer mille exemplaires. Nous n'avions pas d'argent pour la publicité. Il fallut donc trouver un autre angle. Au lieu de nous lamenter sur ce que nous ne pouvions pas faire parce que nous n'avions pas d'argent, nous nous sommes concentrées sur ce que nous pouvions faire sans trop dépenser. À la bibliothèque, nous réussimes à trouver les adresses des librairies dans quinze villes importantes. Puis nous avons envoyé un exemplaire du livre à chaque librairie avec une lettre leur proposant d'acheter notre ouvrage. Une semaine plus tard, j'ai appelé toutes les librairies et je leur ai demandé si elles achèteraient le livre. La plupart acceptèrent. Écrire des lettres ne coûte pas cher. J'écrivis donc aux recherchistes d'émissions de télévision, entre autres à CNN. Puis je téléphonais. Miraculeusement, à CNN, je suis tombée sur la personne qui avait eu le livre. Je l'ai convaincue d'envoyer une équipe chez moi pour faire un petit reportage. C'est comme ça que tout a commencé. Même si l'absence de connaissances de l'écriture et le manque d'argent constituaient des problèmes, un peu d'imagination et une perspective nouvelle transformèrent ces problèmes en occasions favorables.

Problème : *Vous n'avez pas assez de temps pour préparer la célèbre farce de votre grand-mère pour la dinde de l'Action de grâce.*
Pensez au point de vue de votre famille. Quel problème cela poserait-il si vous commandiez de la farce d'un traiteur et alliez la prendre mercredi ? Ne préfèrent-ils pas vous voir détendue plutôt qu'énervée ? Ou encore demandez à un de vos chefs en puissance s'il n'aimerait pas tenter sa chance. Avec un peu de chance, vous vous débarrasserez de ce travail pour toujours.

Problème : *Vous ne voyez plus votre meilleure amie.*
Pensez aux choses que toutes les deux vous avez à faire. Il y a peut-être des courses que vous pourriez faire ensemble.

Problème : *Votre gardienne vous fait faux bond et vous ne parvenez pas à en trouver une autre.*
Transformez cela en occasion agréable. Organisez quelque chose d'amusant pour toute la famille plutôt que pour vous et votre mari. Ou offrez à une amie d'échanger du temps de gardiennage.

Problème : *Vous avez de la difficulté à maintenir propre une des pièces de la maison, par exemple la salle de bains.*
Pensez au nombre de fois que vous utilisez cette pièce dans la journée. Chaque fois que vous y allez, faites un petit travail de nettoyage.

Problème : *Vous avez plusieurs objets volumineux dont vous voulez vous débarrasser, mais vous ne voulez pas organiser une vente-débarras et vous n'avez pas les moyens de les faire transporter ailleurs.*
Trouvez une organisation caritative qui vient chercher les objets donnés.

Problème : *Vous ne savez plus quoi faire avec votre petite de quatre ans qui n'arrête pas de pleurnicher.*
Demandez conseil à des amis qui ont des enfants juste un peu plus vieux.

Identifier les obstacles

Certains clubs automobiles et de voyages fournissent d'excellents services à leurs membres qui préparent des voyages. Non seulement leur donnent-ils des cartes, mais ils leur transmettent aussi les dernières informations sur les détours, les travaux sur les routes, les endroits où ils pourraient être retardés et sur d'autres choix de route possibles. Quand nous envisageons nos problèmes de différents points de vue, il est important de bien voir quels sont les obstacles et comment on peut les contourner. L'objectif, c'est de transformer ces obstacles en tremplins.

Dans ce processus, la première étape consiste à bien identifier quels sont les obstacles. Étudiez les différents types que je vous propose quand vous évaluerez les obstacles qui se présentent dans votre vie. Faites une liste de ceux qui vous découragent le plus et notez un exemple particulier. Classez-les selon qu'ils sont actuels, probables ou potentiels (ne tombez cependant pas dans le pessimisme). Puis pensez à différentes techniques pour y faire face et dressez-en une liste.

1. *Nous sommes trop occupées.* Voilà probablement un des principaux problèmes de toutes les femmes qui mènent deux carrières. Si nos agendas sont remplis pour l'éternité, si nous ne nous arrêtons jamais pour réfléchir, si nous sommes toujours mobilisées par des interruptions et des distractions qui demandent plus d'attention qu'elles n'en méritent, nous ne parviendrons jamais à améliorer les choses.

Il faut adopter un point de vue différent relativement à notre utilisation du temps. Une manière consiste à trouver de petites plages de temps pour effectuer progressivement un travail. Il n'y a que vingt-quatre heures dans une journée. Le temps constitue une contrainte intrinsèque que nous devons accepter. Nous devons savoir que nous n'aurons jamais assez de temps pour faire tout ce dont nous rêvons. C'est pour cela que les priorités existent. Par contre, il est aussi possible que nous soyons tellement monopolisées par les petits détails de la vie que nous n'avons pas le temps de réaliser les choses essentielles. Pour la plupart d'entre nous, il est impérieux de regarder sérieusement et avec l'esprit critique notre emploi du temps.

- Êtes-vous toujours débordée?
- Avez-vous un agenda qui inclut tout?
- Fondez-vous vos décisions sur les attentes des autres plutôt que sur vos propres désirs?
- Prenez-vous vos décisions sur votre utilisation du temps en fonction du bien de votre famille ou des attentes de votre patron?

Il y a une vieille maxime qui dit que si vous voulez que quelque chose soit fait, demandez-le à une personne occupée. Dans un certain sens, c'est vrai. Les femmes qui mènent deux carrières savent comment faire en sorte que le travail soit exécuté. Par contre, même avec la meilleure planification du monde, on réalise bien peu de choses qui ont un effet bénéfique à long terme si l'on n'a pas établi de solides priorités.

2. *Nous sommes fatiguées.* Vince Lombardi, le célèbre entraîneur de football, avait bien raison quand il disait que «la fatigue nous transforme tous en poltrons». Si une personne est épuisée, déprimée ou tout simplement fatiguée, il est fort possible qu'elle soit incapable de savoir exactement ce qu'elle souhaite pour sa vie personnelle et professionnelle. Il faut de l'énergie pour trouver des solutions créatives à nos problèmes. Si nous ne nous réservons pas de temps pour prendre soin de nous, pour nous reposer ou pour nous changer les idées, nous ne disposerons pas de l'énergie dont nous avons besoin. J'ai une amie qui accomplit beaucoup de choses. Elle travaille dans un magasin de meubles et fréquente l'école à plein temps. Mère célibataire, elle fait en plus beaucoup de bénévolat. Elle s'assure toujours de prévoir du temps dans son horaire serré pour rencontrer ses amis. Évidemment, elle est fatiguée. Comme beaucoup d'entre nous, elle est en train de réévaluer ce qu'elle souhaite comme vie pour elle et sa fille. En théorie, cela paraît bien. Le hic, c'est qu'elle est tellement débordée par tous ses engagements que, malgré le désir profond de changements, elle ne parvient jamais à s'y mettre vraiment. Elle a besoin de se reposer. Peut-être vous aussi avez-vous besoin de vous reposer.

3. *Nous craignons l'échec.* Même si nous sommes, par exemple, des agents d'immeuble dynamiques capables de résoudre les problèmes de logement de tous nos clients, nous sommes souvent incapables de faire face aux situations qui surviennent sous notre propre toit, par peur de l'échec. Peut-être manquons-nous d'assurance parce que nous pensons à nos limites. Nous en avons toutes. Personne ne peut faire tout ce qu'il souhaite réaliser. Cela signifie qu'il y aura toujours des failles dans nos compétences et que, parfois, nous nous tromperons. Il n'y a rien de plus normal. Nous sommes toutes des êtres humains, et les êtres humains ne sont pas parfaits.

Nous pouvons modifier certaines de nos limites. Mais certaines sont immuables. Si vous êtes impatiente avec vos enfants, votre mari, vos amis, il serait peut-être bon de bien peser vos attentes à leur endroit et envers vous-même. Attendez-vous trop de ces personnes? Prenez-vous assez de temps pour faire de l'exercice, pour vous amuser ou pour vous reposer? Êtes-vous prête à envisager la situation en vous disant que c'est *votre* problème et non pas celui des autres?

Par contre, certaines limites sont innées. Si je ne suis pas assez grande pour rejoindre les étagères du haut dans la cuisine, j'ai deux options : ne rien entreposer à cet endroit ou placer les objets que j'utilise souvent sur les étagères du bas et acheter un escabeau pour aller chercher ceux que je n'utilise pas souvent.

Parfois nous avons peur de l'échec parce qu'il nous manque certains talents. Dans ce cas, il faut se demander si ces talents sont absolument nécessaires pour résoudre le problème ou si on peut acquérir ces talents. Peut-on se débrouiller en attendant que notre niveau de compétence augmente?

Pendant que vous vous demandez si vous possédez les aptitudes nécessaires pour résoudre un problème spécifique, demandez-vous aussi si vous avez personnellement besoin de ces aptitudes ou si vous ne pouvez pas plutôt déléguer le travail ou engager quelqu'un pour l'effectuer. Par exemple, allez-vous suivre un cours de comptabilité juste pour rédiger votre déclaration de revenus ou engager un bon comptable pour le faire à votre place?

4. *Nous craignons la critique et le rejet.* La critique, qu'elle soit justifiée ou non, peut blesser, de telle sorte que nous sommes souvent tentées de cesser de vouloir améliorer notre situation. Cela est triste, mais ce sont souvent les gens le plus près de nous — mari, mère, père, enfants, associés ou concurrents — qui créent le plus d'obstacles sérieux. Nous devons accepter ces gens tels qu'ils sont. Mais parfois il faut aussi leur expliquer, gentiment mais franchement, comment leurs critiques font partie du problème. Parfois, il suffit de les accepter comme ils sont, de la même manière que nous le faisons avec nous-mêmes.

5. *Nous inventons des obstacles imaginaires.* Vous vous souvenez de la machine à agrandir? Elle prend un petit incident et fait en sorte qu'il occupe tout notre esprit. Nous nous inquiétons à propos de problèmes qui n'existent pas encore. Cela épuise nos réserves de la précieuse énergie dont nous avons besoin pour faire face aux problèmes qui existent vraiment.

Agir

Comme ce serait bien si nous étions toutes des personnes complètement logiques et rationnelles. (On peut bien rêver, non?) Ce qui est logique, une fois qu'on a modifié son attitude et évalué ses options face à un problème, c'est d'agir pour le résoudre. Sur papier, c'est aussi simple que de compter jusqu'à trois, mais dans la vraie vie, c'est une tout autre histoire. Parfois il faut que nous agissions, à petits pas ou en faisant des grands changements, même si notre attitude se rebelle à chaque instant.

Il nous faut réaliser que notre attitude évolue en fonction des gestes que nous faisons. Quand nous nous décidons à agir et faisons ce qui est nécessaire même si cela ne nous tente pas,

Comment faire face à la critique

Voici sept trucs qui vous permettront de faire face à la critique autant au travail qu'à la maison.

- Interrompez ce que vous êtes en train de faire et regardez la personne qui vous critique dans les yeux. Écoutez attentivement ce qu'elle dit. Si vous êtes au téléphone, insistez sur le fait que vous écoutez. Ne coupez pas la parole à votre interlocuteur. Laissez-le parler.

- Essayez d'«écouter» entre les lignes et de vraiment comprendre ce qui se cache derrière les remarques. Il se peut que vous soyez tout simplement l'exutoire de la frustration ou du débalancement hormonal de quelqu'un et que vous ne soyez pas attaquée personnellement.

- Prenez conscience que la critique représente la perspective de l'autre personne, qui la croit fondée. Donc, il est tout à fait inutile d'accuser cette personne d'insensibilité ou d'illogisme. Si la critique est exagérée, ne tentez pas à tout prix de corriger la personne immédiatement.

- Ne changez pas de sujet et ne tentez pas d'éviter le problème. Faites-y face.

- Ne tentez pas de ridiculiser le reproche, car le sujet est peut-être délicat aux yeux de l'autre. On pourra penser que vous êtes méprisante ou sarcastique.

- Tentez de demeurer ouverte et de trouver ce qui peut être justifié dans le reproche qu'on vous fait.

- Après avoir bien écouté, demandez la permission de répondre. Commencez par répéter le contenu de la critique pour vous assurer que vous avez bien compris. Puis exprimez vos sentiments à l'égard du reproche et ce que vous pensez être la vérité. Acceptez ce que vous considérez comme justifié dans la critique. Partagez vos pensées et vos sentiments calmement.

notre attitude se transforme. Parfois, je me sens distante de Bill parce qu'il ne semble pas comprendre les exigences de mes deux carrières. Nous sommes tous les deux la source de ce problème. Je me redis qu'il ne comprend vraiment pas et qu'il ne comprendra jamais complètement. Pas plus que je ne comprends entièrement sa vie et ses problèmes. Parfois, le seul fait d'être assise à côté de lui sur le canapé ou de le serrer dans mes bras modifie complètement l'atmosphère. Je me mets tout à coup à me souvenir pourquoi je l'ai épousé.

Je ne soutiens pas qu'on peut faire disparaître un problème en faisant comme s'il n'existait pas. Mais il est certain qu'on ne résoudra rien en ne faisant rien. Quand nous faisons des gestes positifs, une attitude positive s'installe.

Cette relation entre l'action et l'attitude dans la résolution des problèmes n'est pas comme un scénario pour une émission de télévision de trente minutes. Cela ressemble plus à du tricot. Vous commencez avec une pelote de laine. Vous faites les premières rangées, puis vous tentez d'ajouter les mailles une après l'autre en faisant en sorte qu'elles soient le plus régulières possible. Parfois, vous faites une erreur ou ratez une maille. Alors vous recommencez, vous défaites ce que vous avez déjà fait et repartez à neuf. À la fin vous obtenez un chandail, une métaphore en fait pour illustrer une façon d'agir qui ne donne pas l'impression qu'on progresse vers une solution. Vous pouvez décider de faire quelque chose de positif chaque jour pour améliorer votre attitude. Cela peut être aussi simple que de vous arrêter dix minutes quand vous sentez la tension monter. Ou encore penser à tout ce dont vous bénéficiez : de l'eau chaude pour vous laver les cheveux, un oreiller pour reposer votre tête, du chauffage dans la maison. Au bout du compte, votre attitude s'améliore… mais seulement si vous n'abandonnez pas. Cela peut constituer une stratégie importante surtout quand vous vivez des problèmes graves à la maison ou au travail.

Connaissez-vous la courte prière qui suit, de Reinhold Niebuhr : « Seigneur, donne-nous la grâce d'accepter avec sérénité ce que nous ne pouvons changer, le courage de changer ce qui doit être changé et la sagesse de faire la distinction entre les deux.» Elle a changé la vie d'innombrables personnes, dont celle de plusieurs de mes amis. Les gens qui participent à des programmes proactifs comme celui des Alcooliques Anonymes récitent cette prière chaque jour pour se souvenir qu'il existe des choses que nous ne pouvons tout simplement pas changer.

Parmi ces choses que nous devons accepter, il y a notre âge, notre race, notre pays d'origine et notre famille. Et bien sûr nous ne pouvons pas non plus changer les pensées, les sentiments ou les actions des autres. Nous devons savoir et accepter qu'il existe dans la vie des choses désagréables et malheureuses, et qu'il ne sert à rien de gaspiller notre précieuse énergie et de devenir encore plus frustrées en tentant de les changer. Quand nous nous concentrons sur ce qui *peut* être changé, les choses changent. C'est aussi simple que cela.

La liste des choses que nous pouvons changer est souvent bien plus longue que nous ne le pensons. Quand nous devenons consciente de la différence, nous pouvons commencer à concentrer nos énergies au bon endroit. Par exemple, il est fort possible que nous n'ayons aucun contrôle sur le fait que nous sommes dans une situation financière précaire parce que nous avons perdu notre emploi. Mais nous pouvons contrôler nos réactions face à cette situation. Nous ne pouvons contrôler les choix enfantins d'un adolescent ou d'un jeune adulte. Mais nous pouvons contrôler nos réactions face à ces choix. Souvent nos enfants ont besoin de savoir que nous les aimons même si nous ne sommes pas d'accord avec ce qu'ils font.

Il y a énormément de choses que nous pouvons contrôler et changer : nos sentiments, nos pensées, nos désirs, nos attitudes, nos valeurs, notre état de santé, notre formation et notre emploi du temps. Quand nous sommes tentées de tomber dans le piège qui consiste à nous sentir victimes de circonstances indépendantes de notre volonté, il est très utile de faire l'inventaire de tout ce que nous pouvons contrôler.

Pour arriver à distinguer quotidiennement ce qui peut être contrôlé et ce qui ne peut pas l'être, il faut s'y exercer et y réfléchir. Combien de fois ai-je entendu des femmes dire qu'elles maîtriseraient la situation si seulement leur patron, leur sœur, leur enfant ou leur mari faisait ce qu'il ou elle devrait faire. Elles savent en principe qu'il y a des choses qu'on peut contrôler et d'autres pas, et que le comportement des autres fait presque toujours partie de la dernière catégorie. Pourtant elles continuent à vouloir contrôler le comportement des autres. Nous pouvons demander aux autres de changer. Nous pouvons les laisser subir les conséquences s'ils refusent. Ce que nous ne pouvons pas faire, même avec les enfants, c'est en faire ce que nous voudrions qu'ils soient. Si vous vous retrouvez régulièrement dans une impasse qui vous empêche de résoudre une situation, il serait peut-être bon d'essayer de faire une liste de ce qui peut être contrôlé et de ce qui ne le peut pas.

Si, par exemple, votre bambin a un comportement qui le menace ou menace les autres — disons qu'il frappe d'autres enfants ou court dans la rue —, vous ne pouvez bien sûr le laisser faire. Vous pouvez par contre imposer les conséquences qu'entraîne un tel comportement : périodes de repos, jouets retirés, interdiction de sortir de la maison ou de la cour, ou toute autre mesure qui vous semble indiquée. Vous pouvez aussi parler des conséquences de ce comportement. Et vous pouvez expliquer quels sont vos sentiments quand l'enfant se comporte ainsi. Ce que vous ne pouvez faire, c'est contrôler les pulsions qui le poussent à agir ainsi. Quand vous cesserez de vouloir contrôler les désirs et que vous emploierez d'autres stratégies, les résultats seront différents.

Un plan d'action

Presque toutes les femmes qui ont une double carrière font face à un certain moment à un problème avec des impondérables totalement incontrôlables. Voici le scénario type. La garderie ferme à dix-sept heures. Vous êtes retenue au travail et vous n'y pouvez rien. Impossible d'arriver avant dix-sept heures trente. Ce que vous ne pouvez changer, ce sont l'heure de fermeture de la garderie et l'exigence du travail. Que faire ?

Si vous avez une attitude positive et que vous réfléchissez à vos options — en d'autres mots, si vous agissez plutôt que de vous contenter de réagir —, vous allez probablement trouver une solution simple qui, quoique imparfaite, résoudra le problème immédiat.

1. Vous pourriez apporter du travail à la maison et essayer d'arriver avant dix-sept heures à la garderie. Mais vous devez arrêter prendre de l'essence et c'est l'heure de pointe. Vous n'arriverez probablement pas à temps. De plus, vous allez devoir retrouver le goût de travailler plus tard dans la soirée alors que vous n'avez pas le temps. Vous ne pourrez donc pas présenter un projet terminé à votre patron dès la première heure le lendemain. Oubliez cette option.

2. Téléphonez à la personne qui vous remplace habituellement, peut-être votre mari ou une amie. Expliquez la situation et demandez-lui d'aller chercher l'enfant. (Si vous n'avez pas un remplaçant habituel, vous perdez vingt points et retournez à la section sur la planification des impondérables au chapitre 4.)

3. Téléphonez à la garderie et prévenez-les de votre retard. Demandez-leur de dire à votre enfant à quelle heure vous arriverez. Dites que vous allez payer le supplément pour retard. N'attendez pas qu'on vous le demande. Les employés de garderie travaillent pour de petits salaires et vous leur causez vraiment un problème.

Nous faisons toutes face à des problèmes chaque jour. Certains sont plus frustrants que celui-ci, d'autres moins. Ce qui compte, c'est de s'exercer à adopter une attitude positive et à être flexible. Nous ne parviendrons pas toujours, ou peut-être même pas souvent, à résoudre un problème pour toujours en agissant d'une manière réfléchie. Il y a en effet de bonnes chances que vous allez expérimenter à nouveau ce problème dans votre vie de femme avec deux carrières et un enfant à la garderie. Mais ce que vous allez réussir à faire, c'est résoudre ce problème particulier ce jour-là.

Si ce scénario survient trop souvent, vous devrez peut-être chercher une autre solution : trouver un emploi dans une entreprise plus soucieuse des besoins de la famille, trouver une garderie qui demeure ouverte plus longtemps ou demander à votre patron de vous accorder un horaire différent ou des heures de départ flexibles.

Même si vous ne réussissez pas du premier coup, conservez votre objectif

Chaque minute de chaque journée nous offre l'occasion de faire les choses différemment et d'obtenir de meilleurs résultats. Alors pourquoi, quand quelque chose ne fonctionne pas dans notre vie, persistons-nous à répéter sans cesse les mêmes gestes? Faire de nouveaux choix qui vont contre les anciennes habitudes demande de l'engagement et le sens du risque. Si nous sommes honnêtes, nous allons admettre que souvent il est plus facile de blâmer la situation que d'accepter le fait qu'il faut changer.

Une des femmes qui m'a le plus influencée m'a donné des conseils extrêmement judicieux sur la résolution des problèmes : «Lève-toi et avance. Fais un effort quand tu dérapes. Ne te détruis pas toi-même. S'apitoyer sur son sort ou se traîner dans la boue constitue une perte de temps précieux. Tout le monde fait des erreurs.»

En tant que femmes et gestionnaires familiales, nous détenons beaucoup de pouvoir sur la façon dont les membres de notre famille abordent la solution des problèmes. Si nous parvenons à faire en sorte qu'ils transforment les obstacles en tremplins, les êtres forts et décidés que nous aiderons à former ainsi vont créer de meilleures communautés et un meilleur pays. Il est évident que cela constitue pour nous toutes une tâche importante.

Pour conserver votre équilibre

- Agissez au lieu de réagir.
- Débranchez la machine à agrandir.
- La fuite devant la souffrance crée une vie superficielle. Y faire face et tenter d'en profiter pour s'améliorer développe le caractère.
- Soyez tenace. Travaillez patiemment sur les problèmes.
- Abordez les problèmes en vous disant que vous n'êtes pas impuissante et qu'il peut en résulter quelque chose de positif.
- Identifiez vos propres obstacles.
- Acceptez ce qui ne peut être changé.
- Changez les choses quand c'est nécessaire. Faites de nouveaux choix même s'ils vont à l'encontre de vos comportements traditionnels.

9

Demeurer à la fine pointe

La vague du futur s'en vient et rien ne peut l'arrêter.

Anne Morrow LINDBERGH

Quand j'étais dans la trentaine, je rêvais d'être présidente de ma propre compagnie. Dans ce rêve, j'étais entourée d'un personnel compétent et je travaillais dans un chaleureux bureau, meublé en bois de cerisier. Je portais des vêtements de grands couturiers et des lunettes à monture d'écaille, un peu comme à Wall Street. Je jonglais avec les rendez-vous pour ne pas rater la séance de photos pour la page couverture du plus grand magazine des affaires. Les grands gourous de la gestion venaient régulièrement prendre un café avec moi. Dans mon esprit, je faisais des affaires dans un monde où les banques n'appelaient jamais pour me retirer leur soutien, mais où Bill Gates téléphonait pour me demander conseil. Personne ne discutait des contrats parce que mes clients se battaient entre eux pour me faire le meilleur prix. Quant au fisc, il ne s'inquiétait pas du fait que je ne tienne pas de comptabilité tant que mon bureau était joliment meublé. Hélas, mon rêve de femme d'affaires s'est réalisé, mais, vous l'avez deviné, pas exactement comme je viens de le décrire.

Très souvent, je vais au travail en vêtements de gym. J'ai donné des entrevues à la radio couverte d'une simple serviette. Et quand j'ai besoin d'un répit après des heures à fixer l'écran de mon ordinateur, au lieu de sortir prendre un café, je remplace Mozart par du Motown et je fais de la gymnastique. Ce n'est pas ainsi tous les jours. Plusieurs fois, je porte des vêtements de femme d'affaires. Et je rencontre des éditeurs, des gens des médias et des conseillers financiers. Souvent je dois voyager pour aller prononcer des conférences, ou je participe à des émissions de radio ou de télévision, ou encore je discute avec des collaborateurs au moyen de la téléconférence. Quand je dois bien paraître en public, je le fais, mais quand je suis dans mon bureau à la maison, je suis aussi productive en collants.

Ce qui fonctionne là-bas fonctionnera ici aussi

Pour la gestionnaire familiale avec deux carrières, demeurer à la fine pointe dans les deux est une obligation. Ce n'est pas un choix. Si on ne le fait pas, c'est l'épuisement qui nous guette, dans l'une ou l'autre carrière. Souvent, les femmes qui savent comment être très performantes dans leur carrière profes- sionnelle ratent l'occasion d'appliquer les mêmes techniques dans leur carrière de gestionnaire familiale. Par exemple, une avocate qui lit beaucoup de littérature professionnelle ne saura peut-être pas que des lectures sur le bon fonctionnement de la famille pourra aider ses deux carrières. Pourtant, c'est le cas. Je vais maintenant vous parler de choses qui ont fonctionné pour moi. Ce sont des choses que nous apprenons dans notre vie «professionnelle». Il s'agit tout simplement de les adapter à notre vie «domestique».

1. *Développez un réseau pour la gestion familiale et utilisez- le.* Même si nous n'appelons pas cela une mise en réseau, c'est probablement la stratégie professionnelle la plus communément utilisée par les femmes. Toutes les mères de bébés ou d'adoles- cents partagent leurs expériences sur ce qui marche et ce qui ne marche pas. À notre époque, les réseaux traditionnels des femmes — la famille élargie et les vieilles amies — n'existent plus ou sont moins disponibles. Il nous faut donc construire un réseau. Ce réseau peut devenir inestimable pour le partage d'informations, l'établissement de relations de conseil et la découverte de collègues ayant des objectifs et des projets semblables aux nôtres. Ce sont là quelques-uns des avantages d'un réseau.

Les gens d'affaires utilisent aussi leurs réseaux pour trouver de nouveaux emplois ou de nouvelles occasions d'affaires. Disons que vous cherchez un expert en ordinateurs. Vous pouvez demander à une relation d'affaires ou à une connaissance si elle ne connaîtrait pas quelqu'un qui offre ce service. Pourquoi ne pas faire la même chose quand, à titre de gestionnaire familiale, vous êtes à la recherche d'un peintre, d'un menuisier ou d'une gardienne?

Si vous cherchez un nouvel emploi dans votre domaine ou dans un secteur qui y est relié, vous allez peut-être chercher à obtenir de l'information de diverses personnes et l'une d'elles vous aidera peut-être à trouver un nouvel emploi. En tant que gestionnaire familiale, vous pouvez employer la même stratégie pour rencontrer d'autres gestionnaires familiales et mettre sur pied un système de covoiturage pour l'école.

Quand vous rencontrez d'autres femmes au travail, à l'école ou au terrain de jeu, faites un effort pour bien les connaître. Échangez vos numéros de téléphone. Identifiez quels intérêts et soucis communs vous partagez. Demandez à une gestionnaire familiale qui a des enfants plus âgés que les vôtres comment elle faisait pour calmer les colères d'un petit de deux ans ou l'angoisse de la séparation d'un enfant de sept ans. Quand vous rencontrez une femme dont vous admirez les qualités d'organisatrice, dites-le-lui et demandez-lui des trucs.

Organisez un lunch mensuel avec d'autres mères qui travaillent avec vous pour discuter ensemble de problèmes familiaux et de travail. Découvrez comment vos collègues ont réussi à fonctionner malgré des patrons inflexibles.

Un dernier mot sur les réseaux : ils fonctionnent bien quand la communication se fait dans les deux sens. Partagez votre recette de biscuits qui se fait en un tournemain et votre méthode parfaite pour garder propre la salle de bains.

2. *Demeurez à la fine pointe de l'information.* Soyez à l'affût de toute information qui peut vous aider à mieux faire fonctionner votre maison ou votre bureau. Récemment, alors que je lisais un bulletin professionnel sur la gestion, je fus intriguée par un article sur le travail en équipe intitulé «Quoi commencer, quoi arrêter et quoi conserver». On y soutenait que les gestionnaires pouvaient aider leurs employés à travailler plus efficacement et à être plus productifs en tant que groupe en recueillant leurs réponses aux questions suivantes : Que devrions-nous commencer à faire que nous ne faisons pas? Que devrions-nous arrêter de faire parmi les choses que nous faisons? Que faisons-nous qu'il faut continuer à faire? Quoique cet article ait été écrit pour le contexte du monde des affaires, j'ai pensé que je devrais suivre la même stratégie avec mon équipe à la maison. À peu près à la même époque, je lisais dans un magazine féminin un article sur la façon d'organiser les comptoirs de sa cuisine en n'y laissant que ce qu'on utilise tous les jours et en rangeant le reste (ou en s'en débarrassant). J'ai décidé que je devais appliquer le même principe à ma table de travail dans mon bureau. Je suis ainsi continuellement à la recherche d'informations qui pourront m'être utiles dans mes deux carrières. Je connais une femme qui dit que c'est en lisant à ses enfants la scène où le héros peint la clôture dans *Les aventures de Tom Sawyer* qu'elle a trouvé le meilleur moyen de motiver ses employés.

Gardez du temps pour lire des articles de magazine et des livres qui vous inspirent. Voilà du temps bien investi. Conservez dans votre auto des articles que vous voulez lire. Quand vous attendez pour votre rendez-vous chez le dentiste ou pour le covoiturage, vous aurez quelque chose à faire. Ou encore, écoutez des cassettes quand vous conduisez ou faites de l'exercice. Notez, dans un carnet spécifiquement réservé à cette fin, toutes les nouvelles idées que vous lisez ou dont vous entendez parler. Pensez à former un club avec des lectrices d'âges et de milieux différents. Il est certain que l'une d'entre elles suggérera de lire des livres auxquels les autres n'auraient jamais pensé.

3. *Développez de nouvelles habiletés.* Dans plusieurs professions réglementées, comme les médecins, les avocats, les infirmières, on exige que les membres suivent des cours régulièrement pour se tenir au courant des nouveaux développements dans leur domaine ou pour apprendre de nouvelles techniques. Même si vous ne faites pas partie de ces professions, vous avez certainement participé à des séminaires ou suivi des cours pour apprendre de nouvelles procédures ou une meilleure façon d'utiliser votre temps.

Parfois on peut faire d'une pierre deux coups. Je connais une mère de trois enfants qui est aussi médecin de famille. Lorsqu'elle dut assister à un séminaire de formation médicale continue récemment, son enfant le plus âgé allait avoir treize ans. Elle s'inscrivit donc à un séminaire portant sur le comportement des adolescents ainsi que sur leur santé physique et mentale. Voilà des connaissances dont elle avait besoin dans son travail de médecin de famille, mais aussi dans sa fonction de mère.

Choisissez des cours qui vous permettront d'apprendre des choses qui s'appliquent dans vos deux carrières. Si votre entreprise vous envoie dans un séminaire sur la gestion du temps, apprenez les techniques pour votre travail, mais pensez aussi à la manière de les utiliser à la maison. Si vous apprenez à utiliser un logiciel de gestion fiscale pour votre emploi, tentez de trouver une version plus simple pour l'utiliser à la maison. En fait, vous pourriez demander au professeur de recommander une version pour la maison.

Songez aussi à suivre des cours où vous apprendrez de nouvelles techniques utiles pour votre fonction de gestionnaire familiale. Ce peut être un cours sur le rembourrage des meubles ou sur la planification financière des études universitaires de vos enfants ou de votre retraite. Ce peut être aussi un cours de cuisine rapide, un atelier sur les relations personnelles, un apprentissage auprès d'un spécialiste de l'organisation des fêtes ou l'adoption d'un nouveau système de planification quotidienne. Ou joignez-vous à un club de randonnée pédestre, juste pour vous amuser et faire de l'exercice. Et pourquoi ne pas suivre des cours avec votre enfant le plus âgé ou avec votre mari? Toute la famille pourrait adorer des leçons de kayak. Pensez à vous inscrire à un cours ayant lieu en même temps que celui de votre enfant. Une mère que je connais fait de la gymnastique pendant que sa fille suit son cours de piano au centre communautaire.

4. *Le troc est une vieille idée qu'il faut remettre à la mode.* Une coopérative de gardiennes constitue probablement la forme la plus répandue de troc actuellement. Avec quelques amies, j'en ai mis une sur pied quand mes enfants étaient plus jeunes. Nous avons formé un comité de direction et établi les règles sur les lieux, la disponibilité et le taux d'échange. Cela

---

Comment organiser une coopérative de gardiennes

- Faites une liste de parents intéressés et invitez-les à une réunion d'organisation. Entendez-vous sur la taille du groupe, les conditions pour être membre, l'élection des responsables, la fréquence des réunions, les frais pour les fournitures et les mesures à prendre en cas d'urgence lorsqu'un enfant est malade ou en cas de retard.
- Établissez un système d'échange. Vous pourriez mettre sur pied un système de tickets pour chaque enfant, avec un nombre fixe pour chacun. Par exemple, il en coûterait deux tickets pour garder un enfant une heure, trois pour deux enfants, etc. Évaluez le nombre moyen de tickets que les membres utiliseraient par mois et remettez-les-leur. Précisez que, si un membre utilise tous ses tickets avant la fin du mois, il peut en acheter à un autre membre à un prix prédéterminé.
- Nommez un ou une secrétaire qui rédigera et distribuera les règlements aux membres. Donnez-lui un ticket pour chaque demi-heure de travail.
- Mettez sur pied un dossier personnel pour chaque enfant, qui incluera des informations sur sa santé et son alimentation, le nom et le numéro de téléphone du pédiatre, l'hôpital préféré, des informations sur les assurances, des personnes à appeler en cas d'urgence et un formulaire autorisant une intervention médicale.
- Insistez pour que chaque parent écrive l'endroit où on peut le joindre lorsque son enfant se fait garder.

ressemblait un peu à la formation d'une nouvelle entreprise et, comme nous utilisions des paramètres d'affaires, tout s'est déroulé sans anicroches. Vous pouvez faire du troc avec plusieurs autres choses. Fondez un club d'échange de jouets avec d'autres mères. Échangez des jouets dont vos enfants peuvent se priver durant une semaine ou deux. Vos enfants adoreront avoir de nouveaux jouets durant quelques semaines et apprendront à partager. Ou suivez l'exemple d'un club de gestionnaires familiales qui a mis sur pied une coopérative de soupers. Vous faites la cuisine pour tous les membres une fois par semaine et vous allez livrer les repas. En retour, votre souper sera livré à votre porte les quatre autres jours de la semaine. Trouvez quatre autres mères dont la taille de la famille, les talents de cuisinière et le style de vie sont semblables aux vôtres. Si vous tentez d'alléger la diète familiale, vous ne voudrez pas devenir membre d'un groupe qui mange beaucoup de nourriture grasse. Réunissez-vous pour discuter de vos plats préférés, des allergies alimentaires, de la répartition des jours, des menus, de l'heure de livraison, etc. Puis procurez-vous des contenants qui peuvent aller dans le four à micro-ondes et dans le lave-vaisselle. Chaque ensemble de contenants devrait comprendre un contenant pour le plat principal, deux pour les accompagnements et un bol à salade. Chaque famille doit acheter quatre ensembles.

Troquer des tâches que l'on n'aime pas a superbement fonctionné pour deux femmes qui poursuivent une double carrière, Karine et Lucie. Karine a les travaux ménagers en horreur, mais elle aime travailler dehors. Lucie n'aime pas avoir de la terre sous les ongles, mais adore nettoyer la maison. Elles se sont entendues pour troquer leurs services. Une fois par semaine, Karine nettoie la cour des deux maisons pendant que Lucie nettoie l'intérieur. C'est une situation gagnante pour les deux femmes.

Les entreprises font souvent du troc, et il est facile pour une gestionnaire familiale d'adapter leurs méthodes.

- Quand vous faites du troc, prenez note des détails. Pour assurer l'exécution des services, rédigez une entente, inscrivez la date et faites signer les deux parties.

- Laissez une note sur le babillard au bureau, à l'église, à l'école, à la bibliothèque ou dans n'importe quel endroit où les gens peuvent proposer les services ou les talents qu'ils veulent troquer.
- Organisez une rencontre d'échanges dans le quartier durant laquelle on échange des biens et des services.
- Proposez au journal local de publier une rubrique de troc.

Pour commencer à épargner de l'argent en faisant du troc, vous devez tout d'abord établir quels services ou quels biens vous êtes disposée à échanger. Vos talents de couturière, d'organisatrice ou de décoratrice, ou votre habileté à vous servir d'un ordinateur correspondront peut-être exactement aux besoins de quelqu'un d'autre. Faites ensuite une liste de tâches que vous aimeriez faire remplir par quelqu'un ou de choses que vous désirez apprendre. Puis, quand vous voulez faire exécuter un travail ou acheter un article en particulier, pensez à la personne qui serait susceptible de faire du troc avec vous.

Vous pouvez faire du troc une seule fois ou en faire une habitude. Proposez à une amie de lui montrer comment tenir sa comptabilité en échange de leçons de cuisine. Donnez des cours d'anglais à l'enfant d'un voisin en échange d'une vidange d'huile. La liste des possibilités est inépuisable. Si vous êtes une bonne organisatrice, une fois familiarisée avec le troc, pourquoi ne pas fonder un club qui réunirait des femmes à double carrière qui voudraient échanger talents et services?

Pratiqué à petite ou à grande échelle, le troc peut faire une différence importante dans vos finances familiales en vous faisant faire des économies. L'échange peut donc vous permettre d'acquérir des biens que vous ne pensiez pas pouvoir vous offrir.

Quelques mots sur le rendement sur un investissement

On critique souvent les gens d'affaires parce qu'ils fonctionnent à court terme et ne pensent qu'à boucler le trimestre suivant. Bien sûr, autant en affaires que dans une famille, faire ses frais est important. On ne peut fonctionner longtemps à découvert. Mais ne penser qu'au profit à court terme peut avoir des conséquences désastreuses autant pour la famille que pour une entreprise. Récemment, je lisais une étude sur les autres facteurs que les entreprises prennent en compte lorsqu'elles évaluent ce que leur rapportent leurs investissements. L'investissement va-t-il être profitable à long terme ? Attirera-t-il de nouveaux clients, ou de nouveaux employés créatifs et innovateurs qui vont contribuer à la croissance de l'entreprise ? Le but poursuivi aura-t-il un effet positif du point de vue social ou écologique ? L'investissement entraînera-t-il des retombées favorables pour la communauté ?

Pour demeurer à la fine pointe en tant que gestionnaires familiales, nous devons nous poser le même genre de questions. J'entends souvent dire : «Je n'ai pas le temps (ou l'argent ou l'énergie) pour suivre un cours, lire un livre ou rencontrer des amies.» D'accord. Je serai la première à admettre qu'il est parfois difficile de trouver du temps ou de l'argent supplémentaire. Mais je crois aussi que, quand on veut, on peut.

Quand vous voulez tenter quelque chose, mais que vous résistez à votre envie pour des raisons d'argent, de temps ou d'énergie, demandez-vous ce que cette chose pourrait vous rapporter. Serez-vous plus heureuse, plus satisfaite ? Aurez-vous acquis de nouvelles connaissances qui vous permettront de changer d'emploi ou même de lancer votre propre entreprise ? Vos nouvelles habiletés vous aideront-elles à rendre votre maison plus agréable, mieux organisée, plus calme ? Est-ce quelque chose que vous souhaitez vraiment ? Si la réponse est oui, je vous encourage à foncer. Le profit que vous en tirerez le justifie.

Outils d'avant-garde pour des gestionnaires familiales

Les outils qui ont révolutionné la façon de mener les affaires dans les dernières années peuvent avoir les mêmes effets sur la gestion de nos familles. Bien sûr, aucun outil ne constitue une recette miracle. Je l'ai appris par l'expérience et en faisant plusieurs erreurs avec mon micro-ondes. J'avais certainement été influencée par la publicité qui promet que l'on devient instantanément un grand chef qui peut préparer des repas gastronomiques en dix minutes. La réalité fut bien différente. Mais maintenant je ne peux imaginer vivre sans mon four à micro-ondes. Son utilisation a modifié notre façon de préparer à manger. Régulièrement, Bill et moi avons des journées consacrées à cuisiner. Il est le chef et moi, le marmiton responsable de réunir les ingrédients, de fournir l'équipement et de nettoyer. Nous préparons des soupes, des ragoûts et différents autres plats qui demandent beaucoup de préparation. Puis nous les congelons. De telle sorte qu'avec notre four qui n'est pas un faiseur de miracles, mais qui est bien utile, nous pouvons nous préparer de délicieux repas en dix minutes.

Mon ordinateur est un autre de mes outils importants. Quand j'ai commencé à écrire, j'utilisais l'ordinateur comme une machine à écrire parce que c'est plus rapide que d'écrire trois cents pages à la main. Maintenant je l'utilise non seulement pour écrire, mais aussi pour organiser toute ma vie. Au fil du temps, je suis devenue dépendante (dans le bon sens) de mon ordinateur. L'expérience m'a appris que je gagne énormément de temps en utilisant l'ordinateur pour gérer les horaires de la famille, les données financières, les projets de vacances, les menus, les listes d'emplettes, etc.

Quand je me suis arrêtée pour penser à tout le temps que j'économisais avec mon ordinateur, j'ai découvert qu'il m'était utile dans les sept secteurs de la gestion familiale. De plus, les statistiques révèlent que 30 % des femmes qui ont acheté un ordinateur au cours des deux dernières années l'ont installé elles-mêmes. Cela prouve que c'est facile et que vous n'avez plus d'excuses.

Voici quelques façons d'utiliser efficacement votre ordinateur.

Maison et patrimoine

Faites une liste de tout ce que vous possédez et maintenez-la à jour. Cela vous évitera des heures de recherches et de calculs après un cambriolage, un incendie ou un désastre naturel. Conservez une copie de réserve de votre disque dur dans un endroit à l'extérieur de la maison.

Conservez un fichier sur votre automobile où vous noterez des informations concernant les réparations, les vidanges d'huile, le kilométrage et les assurances. En cas d'accident ou de problème mécanique, vous disposerez de renseignements faciles à consulter.

Nourriture

Créez un fichier de menus hebdomadaires que vous pourrez utiliser environ tous les deux mois.

Conservez vos recettes dans un fichier pour ne pas perdre la recette de tarte aux pommes de votre grand-mère.

Il existe des logiciels qui vous proposent des milliers de recettes, organisent les vôtres, vous permettent d'avoir accès à un dictionnaire culinaire et convertissent les recettes ordinaires en plats légers et sains.

Famille et amis

Conservez un fichier contenant toutes les informations médicales sur votre famille : les allergies, les visites chez le médecin, les vaccins... Ces informations sont fort utiles lorsque survient un problème de santé. Les logiciels conçus pour établir votre dossier médical vous permettent de faire des graphiques d'à peu près n'importe quoi, incluant l'évolution quotidienne de votre pression sanguine.

Visitez des sites sur la santé dans Internet. Vous y obtiendrez de l'information utile sur une foule de sujets.

Pendant que vos enfants s'amusent avec un jeu éducatif sur l'ordinateur, profitez-en pour nettoyer, faire du travail en retard ou lire un livre.

L'ordinateur vous permet aussi de couper de moitié le temps que vous consacrez à surveiller les études de vos enfants. Faites-leur utiliser des logiciels ou des CD-ROM sur l'apprentissage de la grammaire, de l'épellation ou des mathématiques pour remplacer votre supervision et gagnez ainsi du temps pour vous. Si votre enfant utilise Internet pour effectuer des recherches, surveillez bien l'utilisation qu'il en fait pour qu'il ne tombe pas sur des sites peu recommandables. La meilleure façon d'empêcher votre enfant de se promener dans des endroits dangereux sur l'autoroute de l'information est de s'assurer qu'un des parents l'accompagne dans sa promenade ou surveille régulièrement.

Demeurez en contact avec des parents ou des amis qui habitent loin grâce au courrier électronique. Avec nos deux plus vieux enfants qui vivent maintenant dans deux villes différentes, Bill et moi avons découvert que le courriel nous fait faire des économies. Nous pouvons «parler» quotidiennement pour quelques sous seulement.

Créez un carnet d'adresses dans votre ordinateur. Même si vous pensez qu'il n'est pas très élégant d'envoyer des cartes de souhaits ou des invitations avec des étiquettes imprimées, l'ordinateur est un bon endroit pour conserver des adresses. Contrairement à un carnet d'adresses, il est difficile de perdre un ordinateur et la mise à jour est facile à faire.

Finances

Installez un programme qui vous permet de faire la majorité de vos transactions bancaires à partir de votre ordinateur. Vous éviterez ainsi les courses folles à la banque.

Utilisez un logiciel de comptabilité pour maintenir à jour vos comptes bancaires, établir vos budgets, payer des factures et organiser vos finances. L'ordinateur peut aussi analyser vos transactions passées et fournir instantanément un plan de dépenses pour l'avenir.

Projets spéciaux

Utilisez Internet pour préparer vos vacances familiales. Différents logiciels vous renseignent sur les destinations, les itinéraires, l'hébergement, les excursions proposées, les restaurants et la température locale. Utilisez aussi Internet pour acheter vos billets d'avion.

Créez un fichier contenant toutes les adresses des gens à qui vous envoyez des cartes de Noël. Grâce à certains logiciels, vous pouvez même concevoir vos propres cartes de souhaits, des albums de photographies, des calendriers… Les enfants peuvent s'amuser pendant des heures avec de tels logiciels.

Temps et horaires

Utilisez Internet pour faire vos achats, que ce soient des vêtements, des électroménagers ou à peu près n'importe quoi

Cinq trucs pour gagner du temps avec l'ordinateur

- Utilisez le courrier électronique et le télécopieur pour communiquer avec vos amis et vos clients, plutôt que d'envoyer des lettres ou de leur téléphoner.
- Si vous devez travailler avec l'ordinateur, proposez à votre patron de faire le travail à la maison.
- Faites vos recherches dans Internet plutôt que de vous rendre à la bibliothèque.
- Lisez votre magazine préféré dans Internet au lieu d'aller l'acheter.
- Conservez un registre de tous les grammes de gras et de toutes les calories que vous consommez. Notez aussi durant combien de temps vous faites de l'exercice.

que vous puissiez désirer. La majorité des grandes chaînes ont leur site Internet et de plus en plus de petites boutiques en établissent.

Utilisez un logiciel conçu à cet effet pour vérifier s'il y a des conflits dans l'horaire familial. Entrez toutes les informations pertinentes et voyez comment le logiciel organise et supervise le déroulement des choses.

Conservez les listes d'emplettes en mémoire et imprimez une copie avant de partir faire les courses.

Vie personnelle

L'ordinateur peut vous faire gagner du temps au travail et vous en donner plus pour effectuer d'autres tâches. Utilisez ce temps pour votre croissance personnelle ou pour vous relaxer.

Les boîtes vocables

Au cours des dernières années, j'ai entendu, et fait moi-même, de nombreuses critiques et blagues sur le labyrinthe des boîtes vocales. Bien sûr, c'est très frustrant de téléphoner pour une réservation ou la solution d'un problème et d'entendre cette voix impersonnelle qui vous dit de faire le 1 pour ceci, le 2 pour cela, le 3 pour autre chose, le 4 si les trois premiers ne conviennent pas et le 5 s'il est passé quatre heures en Hollande. Et si ce que vous voulez ne fait pas partie des options, je vous souhaite bonne chance. Par contre, une boîte vocale peut être d'une grande utilité. Ainsi, chez nous, un système à boîtes multiples est relié à un même numéro. Les gens qui veulent laisser un message à Bill, aux enfants ou à moi n'ont qu'à faire le 1, le 2 ou le 3. Aussi simple que cela. Nous pouvons aussi nous laisser des messages les uns pour les autres.

D'autres outils utilisés en affaires, comme les téléphones cellulaires et les téléavertisseurs, peuvent aussi faciliter votre travail de gestionnaire familiale.

Contrôlez votre emploi, ne le laissez pas vous contrôler

Souvent, quand des femmes s'adressent à moi pour des conseils sur les changements qu'elles pourraient apporter dans leur vie pour l'améliorer, elles ne pensent qu'aux changements qui s'appliquent à la maison. Elles sont à la recherche d'idées pour planifier les repas, pour établir des horaires ou des routines qui feraient mieux fonctionner leur maison. Ces femmes se disent qu'il n'y a rien à faire pour rendre plus facile leur vie professionnelle, ce qui aurait pourtant comme conséquence d'améliorer leur vie personnelle et de la rendre plus gratifiante. Nous avons souvent l'impression que nous n'avons aucun choix quand il s'agit de notre emploi. C'est tout ou rien : ou il faut accepter de consacrer quarante, soixante heures au travail et aux déplacements comme nous l'avons toujours fait, ou alors démissionner.

En réalité, il existe presque toujours d'autres options. Si vraiment elles n'existent pas dans l'emploi que vous occupez actuellement, demandez-vous ce qu'il faudrait que vous fassiez pour pouvoir profiter des avantages d'autres formules, comme le travail partagé, le travail à temps partiel, les horaires flexibles ou la mise sur pied de votre propre entreprise. Cela pourrait consister à faire un emprunt pour retourner aux études pour acquérir de nouvelles connaissances, puis trouver un nouvel emploi. Ou vous pourriez publier une annonce dans une revue professionnelle ou utiliser vos réseaux pour trouver quelqu'un qui pourrait partager un travail avec vous. Je connais une femme qui, profitant du fait que son emploi lui accordait une grande indépendance, a quitté son bureau du centre-ville pour s'installer à la maison, après avoir bien planifié ce changement. Voici comment elle a procédé.

Le travail à domicile

Le travail à domicile, souvent avec l'aide d'ordinateurs en réseau, est de plus en plus populaire et à la portée des femmes. Peut-être est-ce une solution pour vous. Pour Michelle, ce fut une option qui lui a permis de conserver son emploi, d'épargner de l'argent et de gagner du temps.

Michelle travaillait comme éditrice depuis neuf ans dans une grande maison d'édition. Elle prit trois mois de congé de maternité à la naissance de sa fille, puis retourna au travail à temps partiel, vingt-cinq heures par semaine. Cinq ans plus tard, un problème se posa. Sa fille était maintenant en âge de fréquenter la maternelle, mais l'école du quartier ne fournissait pas de service de garde après les heures de classe.

Elle se pencha sur les différentes options qui s'offraient : elle pouvait quitter son emploi, mais la famille avait besoin de son revenu. Elle pouvait chercher un service de garde à l'extérieur de l'école, mais le transport posait problème. Et elle n'avait pas de parents qui demeuraient dans les environs. C'est alors qu'elle pensa à la possibilité de travailler à la maison. Elle se mit à élaborer un plan de télétravail, qu'elle réussit à faire accepter par son patron après une courte période de négociations.

Elle m'a décrit sa stratégie dans l'espoir qu'elle pourrait être utile à d'autres femmes qui désirent faire la même chose. Si vous pensez que travailler à la maison est une option intéressante pour vous, répondez aux questions suivantes en étant rigoureusement honnêtes.

Le travail à domicile est-il une option pour vous ?

1. Êtes-vous autonome et travaillez-vous efficacement quand vous êtes seule ? Dans ses évaluations, comment votre patron vous a-t-il notée dans les domaines de la gestion du temps et de la productivité ? De bons résultats vous prouveront et prouveront à votre patron que vous pouvez travailler à la maison.

2. Est-ce réaliste de penser que votre travail peut être effectué à l'extérieur de l'environnement du bureau? Votre travail exige-t-il une concentration ininterrompue? Avez-vous besoin de beaucoup d'espace et de matériel spécialisé? Votre travail peut-il se faire en utilisant un ordinateur, un télécopieur, un modem, le courrier électronique, un téléavertisseur ou une boîte vocale? La compagnie fournira-t-elle ce matériel? Sinon, avez-vous les moyens d'acheter tout cela?

3. Est-ce qu'un horaire différent, comme trois jours de douze heures ou quatre de dix heures, conviendrait aussi bien, sinon mieux, que votre horaire actuel?

4. Comment votre patron pourra-t-il superviser votre travail? Combien de fois devrez-vous vous rendre au bureau pour des réunions? Votre patron peut-il évaluer votre travail si vous le faites à la maison?

5. Quels sont les avantages qui pourraient convaincre votre employeur? Moins de jours d'absence du travail, parce que vous ne seriez pas obligée de vous absenter quand votre enfant est malade? Une plus grande flexibilité pour répondre aux besoins des clients et de l'entreprise, parce que vous pourriez travailler sur des projets spéciaux après les heures normales de travail? Moins d'espace de bureau et de stationnement requis? Satisfaction de l'employée accrue? La compagnie épargnera-t-elle de l'argent si vous travaillez moins d'heures? L'essentiel pour convaincre l'employeur de vous accorder l'horaire que vous souhaitez, c'est de lui prouver que la compagnie en bénéficiera.

6. Si vous perdez certains avantages sociaux, pouvez-vous en assumer les frais vous-même?

Si, après avoir répondu à ces questions, vous concluez que le travail à domicile constitue une option valable pour vous, voyez comment vous allez faire garder vos enfants. Trouvez une halte-garderie où vous pourrez les laisser quelques heures lorsque vous devrez quitter la maison. Établissez un plan de garde pour l'été. Assurez votre employeur que vous ne prendrez pas soin des enfants pendant vos heures de travail.

Puis rédigez une proposition formelle de télétravail en mentionnant la date à laquelle vous désirez commencer. Expliquez brièvement pourquoi vous pensez que votre travail peut fort bien se faire de la maison et décrivez quelle sera votre routine quotidienne. Proposez une période d'essai. Souvenez-vous que votre supérieur immédiat devra peut-être en référer à son propre

---

Des trucs pour bien travailler à la maison lorsqu'on a un très jeune enfant

J'ai commencé à travailler à la maison quand mon plus jeune fils avait deux ans. J'ai dû m'ajuster souvent, mais j'ai ainsi développé d'excellentes habitudes de travail qui me sont encore très utiles aujourd'hui.

- Ayez un emploi du temps très strict. Utilisez les moments durant lesquels votre enfant dort ou est à la maternelle pour effectuer les travaux qui demandent une grande concentration.
- Divisez vos projets en segments. Si vous n'avez pas le temps de tout faire, assurez-vous d'en terminer une partie.
- Organisez un «bureau» pour votre enfant avec du matériel de bricolage, du papier, des crayons, du ruban adhésif ainsi qu'un vieux porte-documents. C'est ainsi qu'un des jeux préférés de mon petit consistait à «travailler»; il en était tellement passionné que cela me donnait un peu plus de temps pour le travail.
- Faites des échanges de garde d'enfants avec les autres mères du voisinage.
- Filtrez vos appels avec le répondeur ou la boîte vocale quand votre enfant est à la maternelle ou à la garderie. Vous protégez ainsi votre temps de concentration optimale. Et quand vous rappellerez les gens, vous ne serez pas tentée de parler longtemps parce que votre enfant aura besoin de votre attention.
- Établissez des règles pour que votre enfant soit calme quand «maman parle au téléphone». Faites quelque chose d'amusant avec lui pour le récompenser d'avoir observé les règles.

patron, surtout si aucun autre employé de l'entreprise ne travaille ainsi à domicile. Une proposition bien rédigée l'aidera à défendre votre cas.

Même si votre enfant n'est plus un tout-petit, la plupart des trucs énumérés dans l'encadré de la page précédente vous seront utiles. Les enfants qui fréquentent l'école présentent un autre genre de défi. J'ai déjà corrigé des épreuves et assisté à un match de baseball en même temps. J'ai aussi appris que travailler à la maison me donne une flexibilité qui simplifie ma vie de plusieurs manières. Je peux faire des emplettes ou des courses durant la journée et travailler pendant que les enfants dorment. Je me concentre toujours sur un segment à la fois tout en conservant une vue d'ensemble.

Je pense aussi que les enfants dont la mère travaille sont avantagés, qu'elle ait son bureau à la maison ou non. Je connais une rédactrice pigiste dont l'adolescente l'aide à l'occasion avec son travail administratif. La jeune fille gagne ainsi un peu d'argent, apprend des choses qui lui seront utiles dans sa vie adulte et passe plus de temps avec sa mère. J'ai l'impression que les enfants de mères avec une double carrière développent leur autonomie plus rapidement parce que la mère a besoin d'aide pour la cuisine, le nettoyage, les courses et la planification d'une multitude de choses, que ce soit assister à un match de soccer ou prendre des rendez-vous chez le médecin ou le dentiste. Finalement, en travaillant intelligemment, nous transmettons le même comportement à nos enfants.

Demeurer à la fine pointe peut prévenir le sentiment d'être écartelée

Que vous soyez satisfaite ou non de vos deux carrières, demeurer à l'avant-garde est toujours utile. Il s'agit tout simplement d'utiliser les outils, les techniques et les ressources de votre carrière «extérieure» dans votre carrière de gestionnaire familiale et vice-versa. En fusionnant ainsi les deux sphères de votre vie, vous récoltez un avantage supplémentaire : vous n'avez plus l'impression d'être écartelée. Vous n'avez plus besoin de séparer votre recherche d'informations ; tout ce que vous apprenez est utile dans les deux domaines. Vous n'avez pas à vivre deux vies séparées, car vos succès dans l'une vont avoir des retombées sur l'autre. En fait, vos efforts sont doublement efficaces sans que vous ayez à travailler plus.

Même si je n'ai jamais vécu dans le monde idéal que je décrivais au début du chapitre, je dois avouer que je suis plutôt satisfaite du tournant qu'a pris ma vie. Je n'ai pas de meubles en bois de cerisier, mais j'ai, la plupart du temps, une famille qui fonctionne de façon satisfaisante et un revenu régulier d'un emploi que j'aime et qui me pose sans cesse de nouveaux défis. C'est ainsi que doit se mesurer la réussite d'une femme qui mène deux carrières : dans le regard des gens qu'elle aime et dans le sentiment de satisfaction qu'elle éprouve de voir ses plans fonctionner pour elle et non pas contre elle. Et vous savez, de toute manière, les lunettes à monture d'écaille ne me vont pas bien.

Pour conserver votre équilibre

- Être à l'avant-garde dans ses deux carrières est essentiel pour une gestionnaire familiale.
- Les réseaux fonctionnent mieux quand ils ne sont pas à sens unique. Partagez vos connaissances et vos habiletés.
- Le troc peut faire une différence importante dans les finances de votre famille en vous permettant de faire des économies. En faisant du troc, vous pourrez sans doute vous procurer des biens que vous ne pensiez pas avoir les moyens d'acheter.
- Les outils, comme l'ordinateur, qui ont révolutionné le monde du travail peuvent avoir les mêmes effets dans votre façon de gérer votre vie familiale.
- Contrôlez votre emploi, ne vous laissez pas contrôler par lui. Il existe toujours diverses options.
- Vous n'avez plus à maintenir deux vies séparées; votre réussite dans une carrière aura inévitablement des retombées dans l'autre.

10

Une seule vie : la vivre dans l'équilibre

Le prix du succès sera trop élevé si vous choisissez de ne pas mener une vie équilibrée.

Linda STRYKER

Peu importe le nombre de carrières que nous poursuivons, nous n'avons qu'une vie. Peu importe les aspirations et les responsabilités, nous n'avons aussi qu'un seul corps, un cerveau, deux mains, un cœur et une âme pour les satisfaire. Si on m'avait donné un dollar ou même cinq sous pour chaque article ou livre que j'ai lu sur la façon de prendre soin de moi ou encore pour chaque fois que je me suis dit que je devais prendre soin de moi ou que quelqu'un m'a dit qu'il fallait que je le fasse, je serais littéralement plus riche que Crésus, peu importe combien il possédait d'argent.

Quand j'étais plus jeune, je prenais ce conseil avec un grain de sel. Après tout, n'étais-je pas forte, intelligente, très ambitieuse et immortelle ? Mais, avec l'âge, cette naïveté s'est évanouie. La loi de la gravité s'appliqua et mon corps entier fut attiré vers le sol; mon énergie disparut, mon esprit et mes sentiments s'embrouillèrent. Très rapidement, une conclusion s'imposa : j'avais un urgent besoin de prendre un soin régulier et attentif de moi-même, ne serait-ce que pour ma survie. Et un peu comme par magie, maintenant que je fais attention à moi, je suis en meilleure forme et plus énergique que je l'étais il y a dix ans.

Dans l'environnement, quand une espèce ne parvient pas à s'adapter pour survivre, elle disparaît. Et quand une espèce s'éteint, cela provoque une réaction tout le long de la chaîne alimentaire. Voici une définition de l'écologie : étude des rapports entre les organismes et leur environnement. Chaque organisme dans la nature est dépendant, souvent d'une manière que nous n'arrivons pas à cerner, de la capacité de survivre des autres organismes. Depuis quelques années, notre société est plus consciente de l'impact de notre façon de vivre sur l'environnement. Nous avons fait des progrès, par exemple dans les domaines du recyclage de certains matériaux ou de la dépollution de cours d'eau ou de sites contaminés. Et nous avons encore beaucoup de progrès à faire. La pratique de l'écologie est en fait un processus continu autant sur le plan global que sur le plan individuel.

Un peu comme dans le cas des espèces, si je m'épuise et que je cesse d'agir, je n'arrête pas seulement de vivre pour moi-même, mais je constitue aussi une perte pour ceux qui dépendent de moi. L'écologie est la science de l'interdépendance et beaucoup, aussi, de l'équilibre.

Quand je pense à deux carrières et à une seule vie, comme vous le savez maintenant, je pense beaucoup à l'équilibre. Dans ce livre, j'ai beaucoup insisté sur l'importance d'équilibrer les différents aspects de nos vies dans la mesure où ils sont liés à la gestion de nos deux carrières. En fait, plusieurs d'entre nous, selon les circonstances, ont eu plus de deux carrières à gérer. Je pense aux femmes qui font des études, s'occupent de leur famille et poursuivent une carrière en même temps. Je pense aussi à toutes ces femmes d'âge moyen qui font partie de ce qu'on appelle la génération sandwich et qui doivent prendre soin de leurs parents ou beaux-parents, que ce soit financièrement, physiquement ou émotivement, en plus de gérer leur famille et leur carrière. Cela requiert un surplus de temps et d'énergie considérable. Le mot *survivre* prend alors un sens particulier.

Dans ce chapitre, je veux vous entretenir d'un équilibre différent. Je l'appelle l'*écologie personnelle*. Cela signifie vivre notre seule vie d'une façon assez équilibrée pour que nous soyons disponibles pour les autres et pour nous-mêmes. Cela signifie prendre soin de tous les aspects de la vie, physique, émotif, mental et spirituel, de telle sorte que se crée un équilibre entre tous ces éléments. Nous serons ainsi capables de répondre aux exigences de la vie avec l'énergie nécessaire.

Trouver la voie du centre

L'écologie personnelle a un rapport profond avec l'interdépendance en nous-mêmes. Si nous ne sommes pas équilibrées intérieurement, il est presque impossible de maintenir une écologie stable dans notre environnement, que ce soit au travail, à la maison, dans la communauté ou dans le monde.

Cet équilibre écologique personnel, on le trouve en partant de ce qu'on est. Certaines d'entre nous sont trop rigides, d'autres, trop permissives. Certaines travaillent trop et ne s'amusent jamais. D'autres devraient travailler plus. Parfois, cette écologie personnelle consiste à suivre les règles qui nous sont imposées. En d'autres occasions, cela signifie qu'il faut avoir la détermination de se détendre, de prendre des vacances et de remplacer les vieilles règles par des nouvelles.

Une de mes bonnes amies, que j'appellerai Linda, travaille trop. C'est ce que je pense et elle aussi. Elle l'admettait souvent, mais le déclic vint lors d'une conversation qu'elle eut avec sa fille Sarah et Tom, son copain. Sarah, âgée de dix-sept ans, terminait son secondaire. Elle était présidente de sa classe et une première de classe qui attendait une réponse des neuf collèges où elle avait fait une demande d'inscription. Elle recueillait des fonds pour le bal de fin d'année et plusieurs autres projets. De plus, elle suivait deux cours de perfectionnement.

« Quelle enfant merveilleuse ! me disait Linda. Mais elle est complètement stressée. Elle essaie toujours d'en faire plus. L'autre soir, elle a invité Tom à souper et n'a pas cessé d'être angoissée. Quand je lui ai dit qu'elle devrait en accomplir moins et se détendre un peu plus, Tom s'est mis à rire. Je le connais assez bien et je lui ai demandé ce qu'il trouvait drôle. Il m'a dit que je ne parlais pas comme une mère. Les mères devraient dire à leurs enfants d'en faire toujours plus. Je l'ai regardé en souriant et je lui ai dit que si j'étais sa mère je ne lui donnerais peut-être pas le même conseil, parce que tous les enfants sont différents.»

La véritable leçon vint de Linda elle-même alors qu'elle réfléchissait à ce qu'elle avait dit ce soir-là. «Je me suis rendu compte que c'était le cas classique de "fais ce que je dis, pas ce que je fais".» Il est vrai que parfois les mères doivent pousser dans le dos de leurs enfants. Le problème de Tom, c'est qu'il n'en faisait pas assez. Alors que celui de Linda, et aussi de Sarah, était qu'elles en faisaient trop. En tant que mère, Linda avait toujours pris soin de dire les bonnes choses à propos de l'équilibre. Mais elle ne s'était pas préoccupée de suivre ses propres conseils. «Je ne cesse de penser à ce souper, me disait Linda récemment, et je pense que je dois aider Sarah à trouver son équilibre dans la vie en trouvant le mien entre le travail et le repos, l'action et l'existence. J'ai besoin d'avoir plus de plaisir dans la vie.»

Plusieurs d'entre nous devraient se livrer à la même analyse. Nous devons faire moins ou différemment. Nous devons prendre conscience de ce que nous enseignons à nos enfants quand nos actions ne correspondent pas à nos paroles.

Il y a plusieurs domaines dans lesquels il serait souhaitable d'évaluer la force de notre sens de l'équilibre. Vous reconnaissez-vous dans l'histoire de Linda, ou dans les autres qui suivent?

Contemplation / action. Une femme, que j'appellerai Anne, a tendance à réfléchir longuement, à évaluer toutes les possibilités avant de faire quelque chose, comme déplacer les meubles du salon. Elle s'assoit et regarde les meubles, soir après soir, en se demandant ce qu'elle pourrait bien faire pour qu'ils soient mieux disposés. Plutôt que de déplacer ne serait-ce qu'une table de coin, elle réfléchit à toutes les possibilités, mais sans en essayer une seule. Anne dépense toute son énergie dans la contemplation et l'imagination. Les meubles demeurent donc toujours à la même place et la frustration d'Anne ne cesse de croître.

Les autres / soi. J'ai une autre amie, Hélène, qui aide tout le monde. Par exemple, lors de notre déménagement, elle est venue donner un coup de main et a rangé tous les ustensiles de cuisine selon mes instructions. Quand j'ai accouché, elle est venue nettoyer mes salles de bains avant que je revienne de l'hôpital. Voilà une véritable amie. Hélène ne faisait pas ce genre de choses juste pour moi, elle le faisait pour d'autres amies. Rendre service lui donnait beaucoup de joie. Mais quand nous lui offrions de lui rendre service, elle refusait. Donc elle donnait sans cesse. Puis un jour, elle fit une dépression nerveuse. Elle avait tellement donné aux autres, sans jamais recevoir, ni des autres ni d'elle-même, qu'elle devint complètement déséquilibrée.

Dans ces deux scénarios, quelles sont les possibilités de retrouver son équilibre ? Anne pourrait se lever et changer quelques fauteuils de place juste pour voir le résultat. Même une disposition insatisfaisante pourrait l'aider à en trouver une qu'elle aimerait. La clé du succès est simple : elle doit combiner les idées et les actions pour arriver à faire quelque progrès que ce soit.

Hélène aurait pu accepter qu'on l'aide quand elle en a eu besoin. Elle aurait pu oublier son sentiment de gêne à avoir besoin d'aide et découvrir la joie de recevoir.

Dans les pages suivantes, vous découvrirez quelques autres domaines dans lesquels il est toujours bon de trouver un point d'équilibre. Sur les graphiques, le chiffre 10, d'un côté ou de l'autre, indique un profond déséquilibre. Zéro représente le point d'équilibre, ce que nous devons tenter d'atteindre.

Lisez cette partie du livre lentement. Prenez le temps de réfléchir (mais si vous êtes comme Anne, ne prenez pas trop de temps). Encerclez le chiffre qui indique votre situation. Puis, sous les chiffres, notez quelques idées qui vous permettraient de bouger vers le centre.

Productivité																				**Divertissement**
10	9	8	7	6	5	4	3	2	1	0	1	2	3	4	5	6	7	8	9	10

Si vous réussissez à faire toutes les tâches inscrites sur votre Liste de cibles chaque jour, je vous félicite. Mais demandez-vous si vous ne travaillez pas trop fort, si vous n'essayez pas d'en faire trop. La plupart des femmes ont tendance à inscrire plus de tâches qu'elles peuvent en accomplir sur leur liste quotidienne. Peut-être avez-vous besoin d'écrire *m'amuser* au sommet de votre liste.

Par contre, si vous réussissez à peu près toujours à accomplir tout ce qui figure sur votre liste, mais que vous vous sentez malgré tout frustrée et insatisfaite parce qu'il reste plein de choses à faire, peut-être devriez-vous noter plus de tâches et trouver des façons de les accomplir.

La confiance est une bonne chose, tout comme l'humilité, mais avec modération comme pour tout le reste. Comment les gens qui vous entourent réagissent-ils devant vous? Parfois, quand nous pensons déborder de confiance, nous débordons d'arrogance. Parfois notre confiance en nous-mêmes ne provoque pas l'adhésion enthousiaste chez les autres, mais plutôt la peur. Nous donnons plus l'image d'une redoutable figure d'autorité que d'un leader rempli de confiance.

Un peu d'humilité bien sentie peut nous mener très loin. Il est bon de reconnaître ses propres erreurs et de souligner l'apport des autres. Mais méfiez-vous de la fausse modestie.

Confiance																				**Humilité**
10	9	8	7	6	5	4	3	2	1	0	1	2	3	4	5	6	7	8	9	10

Facteur humain   **Rentabilité**
10 9 8 7 6 5 4 3 2 1 0 1 2 3 4 5 6 7 8 9 10

Je crois que la plupart d'entre nous admettront que les gens sont plus importants que les possessions ou l'argent. Mais parfois, la façon dont nous nous comportons avec l'argent et les biens reflètent comment nous nous comportons avec nous-mêmes ou avec les autres. Êtes-vous trop prudente avec l'argent et les biens? Ou êtes-vous imprudente? Êtes-vous trop préoccupée par ce que les autres pensent de vous et de vos enfants, ce qui est une autre manière d'être trop préoccupée par la rentabilité? Est-ce que vous renoncez à faire des activités récréatives avec votre famille ou des amis pour effectuer plus de travail? Vous arrive-t-il de perdre complètement la tête quand un enfant brise un verre accidentellement?

Êtes-vous prête à pardonner quand vous ou quelqu'un d'autre commet une erreur? À vous donner du temps libre? Ou, au contraire, pardonnez-vous toutes les fautes et refusez-vous de juger vos actions ou celles des autres?

Êtes-vous prête à prendre position, à foncer et à mener votre famille en fonction des priorités que vous avez définies? Êtes-vous prête à suivre cette voie vous-même en développant de nouvelles habiletés, en lisant et en faisant tout ce qu'il faut pour être dans la meilleure forme physique et mentale, comme doit l'être tout leader? Est-ce que vous dirigez votre famille et votre vie avec une carotte ou avec un bâton? Êtes-vous prête à obéir

Jugement   **Pardon**
10 9 8 7 6 5 4 3 2 1 0 1 2 3 4 5 6 7 8 9 10

Parler																				Écouter
10	9	8	7	6	5	4	3	2	1	0	1	2	3	4	5	6	7	8	9	10

à d'autres pour que les choses s'accomplissent? Si votre mari suggérait que vous fassiez de l'exercice tous les deux trente minutes chaque jour, quelle serait votre réponse?

Voici une évidence : parler sans cesse, y compris à soi-même, n'est pas une bonne chose. Mais le contraire est aussi vrai. Oui, nous devons écouter les autres et dire aussi ce que nous pensons, exprimer nos besoins, nos convictions et nos volontés aussi clairement que possible, et ce, dans de multiples situations chaque jour. Et lorsque nous voulons bien définir nos besoins et nos aspirations — surtout dans les domaines abstraits, comme la vie équilibrée que nous souhaitons pour nous-mêmes et pour notre famille —, le meilleur moyen consiste à s'écouter soi-même. Parfois, c'est notre corps que nous n'écoutons pas assez. Mangez-vous quand vous avez faim? Dormez-vous quand vous êtes fatiguée? Faites-vous de l'exercice pour vous sortir de votre léthargie?

Je pense que vous avez maintenant une bonne vue d'ensemble. Il existe peut-être d'autres domaines que vous voudrez évaluer : structure / spontanéité, devoir / liberté, travail intellectuel / travail manuel...

Parler																				Écouter
10	9	8	7	6	5	4	3	2	1	0	1	2	3	4	5	6	7	8	9	10

C'est votre vie

Naturellement, notre vie nous appartient et nous n'en avons qu'une. Mais la façon dont nous passons nos journées a des conséquences sur tous les autres : nos enfants, notre conjoint, la famille élargie, les amis et la communauté dans laquelle nous vivons. Nous avons tous des responsabilités les uns envers les autres. En trouvant notre équilibre personnel, nous bénéficions de plus d'énergie pour nous ouvrir aux autres et vivre en équilibre avec eux. Pour moi, l'écologie personnelle signifie que je prends soin de moi physiquement, mentalement, émotivement et spirituellement.

Regardez-vous les couvertures de magazine pendant que vous faites la file au supermarché? Avez-vous remarqué ces gros titres qui promettent de retrouver son corps de jeune fille avec un programme d'exercices qui ne prend que quelques minutes par jour? Ou un régime qui permet de perdre cinq kilos en deux semaines? Ou une technique de méditation qui nous mettra en contact avec notre pouvoir spirituel après moins de dix minutes d'apprentissage? Ou une douzaine d'idées pour améliorer nos qualités intellectuelles en trente minutes? Ou un article sur la façon d'être parfaitement heureux tout le temps? Nous savons toutes que ce n'est pas aussi facile.

Prenez-en ma parole, ce qui est facile, c'est de négliger de prendre soin de soi. Après tout, notre corps, notre esprit, nos besoins émotifs et spirituels ne s'expriment pas aussi bruyamment que tous ces gens et ces projets qui réclament notre attention. Mais dans ce cas, la roue qui grince n'est pas celle qu'on doit huiler. En fait, si vous avez l'impression que votre famille, vos collègues, votre conjoint vous enterrent sous les demandes et que vous êtes près de la crise, vous êtes probablement sur le point de vous effondrer. Nous n'avons pas vraiment le choix : si nous ne faisons pas attention à nous, nous risquons un jour de plus pouvoir travailler ni de nous occuper de notre famille, ou de quoi que ce soit.

Sept principes pour atteindre l'équilibre

1. Identifiez bien ce qui vous épuise et ce qui vous renforce émotivement, et tentez de trouver un point d'équilibre entre les

---

Cinq manières de remplir votre réserve d'énergie émotive

- Passez du temps avec une amie qui vous fait rire.
- Faites une liste de toutes les choses qui vous font plaisir.
- Ouvrez vos fenêtres et laissez le plus de lumière possible pénétrer dans votre maison ou votre bureau. Si vous n'avez pas une belle vue de votre fenêtre, installez-y une jolie jardinière.
- Placez dans votre maison et votre bureau des objets qui vous rappellent de bons souvenirs.
- Durant les repas, que ce soit à la maison ou au bureau, concentrez-vous sur des choses positives.

---

deux. Quand nous avons de l'énergie émotive et que nous sommes émotivement résistantes, nous pouvons affronter les problèmes avec un sentiment d'espoir et de pouvoir. Quand nos réserves émotives sont épuisées, nous sommes sérieusement affaiblies et perdons tout sens de la perspective. Notre force est minée, notre détermination, paralysée, et nous devenons encore plus vulnérables émotivement, ce qui ouvre la porte à de nouvelles pertes d'énergie.

Peu importe avec quelle quantité d'énergie émotive nous commençons la journée et combien rapidement ou lentement nous la dépensons ou l'emmagasinons dans nos rapports avec les autres, le travail et les problèmes, il existe un phénomène indiscutable et universel : notre quantité d'énergie est limitée. Quand nos réserves sont épuisées, il faut les renouveler. Autrement dit, si nous faisons sans cesse des retraits, nous allons être «à découvert». Et tout comme à la banque, nous en paierons les frais.

Nous devons connaître nos limites et savoir ce qui nous épuise ou nous stimule. Cela signifie qu'il faut bien se connaître soi-même. Cela peut paraître égoïste, mais ce ne l'est pas. Car dans la mesure où nous nous connaissons et nous comprenons en tant qu'être humain, nous pourrons maintenir l'équilibre et rendre service aux autres tout en remplissant les multiples tâches de nos deux carrières.

Votre environnement peut vous épuiser émotivement si vous laissez s'installer le désordre. Si votre chaise est inconfortable ou l'éclairage mauvais, vous serez plus fatiguée à la fin de votre journée de travail. Une querelle non résolue avec une amie peut aussi vous épuiser. Même chose pour une petite blessure comme un genou endolori. Les dettes ou autres soucis familiaux chroniques épuisent aussi vos réserves d'énergie émotive. Nous devons prendre le temps de faire face à ces choses. Nous devons aussi prendre les moyens de retrouver nos forces pour avoir l'énergie nécessaire pour faire face aux choses qui nous épuisent.

Nous savons ce qui nous épuise. Toutes les exigences de notre vie quotidienne — le travail, le besoin de s'assurer que les enfants sont là où ils doivent être, l'attention qu'il faut leur porter pour dénouer leurs problèmes émotifs — contribuent à nous drainer de notre énergie.

Même quand nous comprenons bien le principe, il est difficile d'éviter deux pièges. Le premier, c'est tout simplement de ne rien faire. Nous ne prenons pas le temps de renouveler nos forces. L'autre piège est encore plus dangereux et il exige encore plus de connaissance de soi, d'honnêteté et d'effort pour l'éviter. Nous savons que nous ne pouvons pas toujours éviter de voir nos réserves disparaître. Mais plutôt que de faire ce que nous savons qu'il faut faire, nous essayons de nous en sauver en utilisant des petits trucs mentaux qui ressemblent un peu à ceci : « Ce que j'accomplis est tellement du bon travail, si utile aux autres, si important pour les gens qui m'entourent que je vais continuer à le faire, peu importe le coût. »

Cette explication paraît presque admirable, n'est-ce pas ? Mais en fait, c'est une illusion. La vérité est simple et notre corps nous le rappelle souvent : nous avons toutes besoin de calme et de solitude. Personne ne peut dépenser toute son énergie continuellement, comme le prouve l'histoire d'Hélène. Nous avons besoin de nous relaxer, de faire la grasse matinée, de faire une sieste, de débrancher le téléphone, d'aller nous promener. Dans ma propre vie un peu folle, dès que je sens que je vais manquer d'énergie, je prends un livre, me fait un lunch et vais m'installer sur le voilier d'un ami, qui est ancré à la marina.

Vous travaillez plus et jouissez moins de la vie?

Faites-vous plaisir. Chaque semaine, choisissez une activité parmi celles de la liste ci-dessous. Modifiez votre choix en fonction de votre état d'esprit. Ajoutez vos propres idées à la liste.

- Passez prendre un bon lunch chez un traiteur et allez pique-niquer dans un bel endroit.
- Dépensez quelques dollars de plus pour vous faire coiffer par un véritable coiffeur styliste.
- Allez chez une manucure, même si ce n'est pas pour une occasion spéciale.
- Achetez un livre qui vous apprendra à faire quelque chose que vous aimez, comme des arrangements floraux.
- Passez une nuit seule dans une petite auberge. Apportez avec vous un bon livre et vos magazines favoris.
- Achetez-vous un disque de votre musique préférée.
- Inscrivez-vous à des cours pour apprendre quelque chose que vous avez toujours souhaité faire, comme la danse à claquettes, le ballet, la peinture, le piano.
- Faites-vous le plaisir d'engager quelqu'un pour nettoyer la maison.
- Achetez-vous un bouquet de fleurs et mettez-le sur votre bureau.
- Allez voir une masseuse professionnelle.
- Faites-vous un masque tonifiant ou allez chez l'esthéticienne.
- Prenez rendez-vous avec une consultante en maquillage.
- Visitez un musée.
- Faites une liste des dix activités qui vous font le plus plaisir et notez la date à laquelle vous les avez faites la dernière fois. Faites-les en commençant par celle que vous avez faite il y a le plus longtemps.

Le seul fait d'être assise sur un bateau comporte des vertus merveilleusement relaxantes. Pas de téléphone ni de télévision, juste les vagues qui frappent la coque, un vent doux qui souffle et les oiseaux qui tournoient dans le ciel.

Peut-être pourriez-vous vous joindre à un groupe de danse aérobique où le fait de danser et de rire avec les autres rechargera vos piles. Parfois, le simple fait de se préparer un bon repas, de faire jouer sa musique préférée et de prendre plaisir à sa propre compagnie a des effets bénéfiques. Ou détendez-vous dans un bain moussant bien chaud ou auquel vous aurez ajouté des huiles essentielles.

2. *Variez le genre de personnes que vous fréquentez dans la vie.* Il existe trois genres de personnes dans notre vie : celles qui nous stimulent, celles qui nous vident et celles qui sont neutres. Ici aussi, l'équilibre est important. Il ne s'agit pas d'éliminer de nos vies toutes les personnes qui nous épuisent. «Ne rien faire pour les autres est la meilleure façon de se détruire», disait Horace Mann. Donner nous aide à conserver notre équilibre. Quand nous donnons aux autres, nous nous enrichissons nous-mêmes. La solution consiste à ne pas avoir plus de gens épuisants autour de soi que de gens stimulants.

Il faut aussi faire attention à notre façon de passer du temps avec les différents types de personnes que nous fréquentons. Avec une amie qui vous vide, par exemple, il est préférable de vous adonner à des activités où toutes deux vous dépenserez de l'énergie plutôt que d'aller au restaurant où vous dépenserez beaucoup d'argent et passerez votre temps à l'écouter vous dire comment la vie est horrible ou vous demander des conseils que, de toute manière, elle ne suivra pas. Si vous marchez en sa compagnie sur une plage, vous faites au moins de l'exercice. Passez le plus de temps possible avec les personnes qui vous stimulent, qui vous écoutent et vous apportent quelque chose. Investissez votre temps dans des amitiés qui fonctionnent dans les deux sens.

3. *Prenez soin de votre corps.* Si vous le faites, il y a des chances qu'il sera là quand vous en aurez besoin. Quand nous

Dix trucs pour se remettre en forme

- Regardez votre horaire pour voir où vous avez du temps libre, ne serait-ce que trente minutes. Vous pouvez certainement faire une promenade de dix minutes durant cette période.
- Déterminez des périodes fixes pour faire de l'exercice. Inscrivez-les dans votre agenda quotidien. Quand vous vous levez le matin et pensez à la journée qui vient, promettez-vous de respecter votre engagement.
- Si ce sont vos responsabilités parentales qui vous empêchent de trouver du temps pour faire de l'exercice, demandez de l'aide à votre conjoint, à un voisin ou à une amie. Ou faites un échange avec une autre mère qui elle aussi cherche du temps pour faire de l'exercice.
- Fixez-vous des objectifs réalistes, comme marcher cinq minutes de plus chaque jour ou perdre cinq cents grammes par mois. Ne pensez pas à perdre quinze kilos en deux semaines.
- Pour atteindre une forme physique idéale, vous devrez faire des exercices cardiovasculaires, comme marcher ou faire du vélo, de trois à cinq fois par semaine pour une période de vingt à soixante minutes. Peu importe que vous atteigniez ce niveau au début, dites-vous que chaque fois que vous faites de l'exercice vous en tirez profit.
- Réfléchissez aux excuses que vous invoquerez peut-être pour éviter de faire de l'exercice. Prenez-les en note. Pensez à des moyens de contourner ces excuses. Par exemple, comment pourriez-vous faire de l'exercice durant votre heure de lunch? Pourriez-vous apporter votre lunch, faire une promenade et manger à votre bureau, ou faire une marche et arrêter dans un restaurant pour prendre une salade faible en gras sur le chemin du retour?
- Préparez vos vêtements d'exercice. Placez votre sac d'exercice devant la porte ou vos vêtements sur la commode la veille de votre «rendez-vous». Enfilez-les tout de suite en vous levant si vous avez décidé de faire de l'exercice tôt

le matin ou dès que vous revenez du travail si vous avez décidé de le faire en fin de journée.

- Arrangez-vous pour faire de l'exercice avec une amie. Cela vous motivera parce que vous voudrez voir votre amie. Et puis, il y a moins de risque que vous annuliez parce que vous ne voudrez pas décevoir votre amie.
- Inventez un système de récompenses pour vous-même. Promettez-vous que, si vous faites de l'exercice durant un certain nombre de jours, vous vous ferez un cadeau spécial.
- Tenez un registre du temps que vous consacrez à l'exercice. Cette preuve visuelle de vos efforts vous rendra fière de ce que vous avez accompli, et vous motivera à continuer dans cette voie.

ne prenons pas soin de nous physiquement, nous nous sentons continuellement fatiguées et débordées. Peu importe quelle situation nous vivons, nous pouvons toujours prendre certains moyens pour renverser ce qui est souvent une tendance à l'autodestruction. Hippocrate disait : «La guérison est une question de temps, mais parfois aussi une question d'occasion.» Si je suis fatiguée, si j'ai pris trop de poids et ne fais pas assez d'exercice, c'est à moi de changer. C'est un choix. Pour modifier de mauvaises habitudes de vie, il faut souvent changer son mode de vie. Et, si vous voulez vous changer, il est bon de vous entourer de personnes qui vont vous aider à le faire plutôt que de miner vos efforts.

Vous êtes la seule à connaître votre corps et à savoir quel repos il lui faut. Certaines femmes ne peuvent fonctionner sans sept ou huit heures de sommeil. D'autres se satisfont de cinq ou six. La durée nécessaire de sommeil peut être liée à la qualité du sommeil, à l'énergie que nous dépensons et aux moyens que nous prenons pour nous reposer durant la journée. Notre régime alimentaire et l'exercice physique influencent aussi la quantité et la qualité du sommeil. Au lieu de vous demander si vous dormez suffisamment, demandez-vous combien souvent vous vous sentez réellement reposée après une nuit de sommeil. Des études ont prouvé qu'en faisant des exercices aérobiques quotidiennement on diminue le temps de sommeil nécessaire. L'exercice apporte certains bénéfices du sommeil : il détend et produit ainsi un sentiment de relaxation et de bien-être. Généralement, l'exercice entraîne aussi un sommeil plus profond et plus calme. Nous devons toutes être à l'écoute de notre corps et travailler en harmonie avec lui. Il est aussi important de se souvenir que la maladie, la surcharge de travail, la tristesse et le stress peuvent accroître nos besoins de sommeil.

4. *Prenez le temps de vous amuser.* Selon un sondage, le temps que les Nords-Américains consacrent aux loisirs a baissé de 37 % depuis 1973. Pendant la même période, la semaine de travail, incluant les trajets pour s'y rendre et en revenir, est passée d'un peu moins de quarante et une heures à quarante-sept heures.

Dans sa vie, un Américain moyen…
- Passera six mois à attendre que le feu passe du rouge au vert.
- Passera une année à chercher des objets égarés.
- Passera huit mois à lire des circulaires.
- Passera deux ans à tenter de joindre au téléphone des gens absents ou dont la ligne est occupée.
- Passera cinq ans à faire la file.
- Passera trois ans en réunion.
- Apprendra à utiliser vingt mille différentes choses allant de la distributrice automatique, à l'ouvre-boîte et aux boutons de réglage de radios à affichage numérique.
- Sera interrompu soixante-treize fois par jour.
- Sera en contact avec six cents messages publicitaires par jour (télévision, journaux, magazines, radio, panneaux-réclames).
- Regardera mille sept cents heures de télévision par année.
- Ouvrira six cents lettres par année[1].

---

1. Dr Richard A. Swenson, *Margin*, NavPress, 1992, p. 150.

Si nous faisons tout cela, nous avons sûrement le temps de nous amuser. Il faut surtout trouver un équilibre entre nos activités sérieuses et celles qui sont plus légères. Nous avons besoin d'avoir du plaisir. Nous avons tous besoin de temps pour nous-mêmes, de temps pour notre famille et de plaisir avec nos amis. Mettez à votre horaire des périodes de temps libre avec le même sérieux que vous y mettez un rendez-vous essentiel que vous ne pouvez pas rater. Faites une liste des choses amusantes que vous aimez faire en fonction du temps requis; ainsi, quand vous aurez trente minutes de libres, vous ne resterez pas assise, frustrée parce que vous ne savez pas quoi faire. Conservez une copie de cette liste de plaisirs à la maison et au bureau. Certaines d'entre nous sont tellement habituées à toujours travailler qu'elles ne savent pas quoi faire avec leurs temps libres, de telle sorte qu'elles se retrouvent généralement devant la télévision ou au centre commercial. Les messages publicitaires sont conçus pour que nous voulions toujours posséder plus de choses. Quand nous magasinons, plutôt que de nous amuser, nous achetons souvent des biens dont nous n'avons pas besoin. Puis, nous devons travailler encore plus pour les payer. Et le temps que nous passons devant la télévision n'est souvent pas reposant ou stimulant.

5. *Ne cessez jamais d'apprendre.* Vous gardez votre cerveau en santé en le stimulant avec de nouvelles informations, que ce soit par la lecture, l'étude ou l'apprentissage. En faisant le contraire, c'est-à-dire en pensant toujours aux mêmes choses et en laissant votre esprit s'encroûter, vous allez devenir ennuyante et prévisible, tout comme votre vie.

Quand mes enfants étaient jeunes, je me demandais si jamais j'aurais le temps de faire autre chose que de mesurer du détersif ou de jouer à la Patrouille de l'espace. Puis un soir, pendant que je transférais des tas de vêtements de la laveuse à la sécheuse, j'ai pris la décision que je profiterais de chaque petit moment pour lire, étudier, apprendre de nouvelles choses. Mais si je voulais apprendre, je ne pourrais plus toujours invoquer la même excuse : «Je n'ai pas le temps de découvrir de nouvelles choses parce que je suis trop occupée à répondre aux besoins de tout le monde.» Si je voulais vraiment m'engager

Guide de croissance continue

Avec les années, j'ai découvert des façons de continuer à apprendre durant toute sa vie. Si ces moyens et ces techniques vous intéressent, choisissez-en quelques-uns et mettez-les en pratique. Cinq minutes par jour de travail intellectuel peut vous paraître négligeable, mais cela équivaut à plus de trente heures d'«éducation personnelle permanente» chaque année.

- Quand vous lisez un livre qui vous inspire, tentez de lire toute l'œuvre de son auteur.
- Prenez le temps de parler avec votre conjoint de politique, de livres et de ce qui se passe dans le monde. Pas seulement des enfants, du toit ou du chien.
- Achetez-vous un bon dictionnaire et utilisez-le souvent. Essayez d'apprendre un nouveau mot chaque semaine.
- Prenez en note, dans un carnet ou sur des fiches, des faits dont vous voulez vous souvenir ou des citations intéressantes.
- Empruntez des vidéos pratiques sur des sujets que vous avez toujours voulu maîtriser.
- Fondez un club de lecture à votre travail. Demandez à vos collègues de lire le même livre et organisez une réunion mensuelle pour en discuter.
- Ayez toujours au moins un bon livre en cours de lecture. Si vous lisez un livre par mois, vous ferez partie du 1 % de la population qui constitue les intellectuels.
- Assistez à une conférence en compagnie d'une amie qui vous stimule intellectuellement. Discutez ensemble de ce que vous avez appris.
- Créez un environnement qui vous encourage à apprendre. Entourez-vous de bons livres, écoutez de la bonne musique, ayez plein de papiers et de stylos sur votre bureau et fermez la télévision.
- Ne craignez pas de retourner à l'école. Vous serez surprise par tout ce dont vous vous souvenez. Je fus

complètement renversée de bien réussir un examen du ministère à trente-sept ans.

- Tentez continuellement de nouvelles expériences. Cette année, j'apprends une deuxième langue, j'essaie de maîtriser un nouveau logiciel et je me renseigne systématiquement sur la santé et la nutrition.
- Commencez une liste des sujets qui vous intéressent. Elle vous sera très utile quand vous vous ennuierez. Il est difficile de penser à de nouvelles choses quand la vie ne semble pas intéressante.
- Engagez-vous à ne jamais cesser d'apprendre.

dans une démarche personnelle, il n'en tenait qu'à moi de faire ce choix. Je me suis aussi rendu compte que lorsque j'apprends de nouvelles choses et que je satisfais mes besoins personnels de stimulation intellectuelle, je peux répondre aux besoins des autres plus facilement et souvent avec des idées nouvelles, ce qui est une autre manière de retrouver son équilibre. J'ai également fait des choses que je croyais souhaiter, mais qui finalement m'ont déplu. J'ai commencé quelques cours que je n'ai pas terminés et j'en ai terminé d'autres sans en ressentir de la satisfaction. Mais si je n'avais pas exploré ces domaines, il y en a d'autres que je n'aurais pas découverts. Je n'en aurais pas appris autant sur moi-même et sur ce que je pense.

Nourrissez-vous votre esprit aussi bien que votre corps? Lui fournissez-vous des aliments sains, nutritifs, ou votre régime intellectuel n'est-il constitué que de *fast-food* mental qui vous comble temporairement, mais qui ne vous fournit pas les éléments nécessaires pour croître? Quel genre de livres et de magazines lisez-vous? Que regardez-vous à la télévision? Quels nouveaux films allez-vous voir et quelles vidéos louez-vous? Quels nouveaux sujets ou champs d'intérêt vous intéressent-ils actuellement?

6. *Développez votre spiritualité.* Tout le monde a une dimension spirituelle. Dans notre for intérieur, nous savons que nous sommes plus que le corps que nous habitons. Notre âme a aussi besoin de soins, même si on ne le perçoit pas facilement.

Bill et moi avons des amis qui sont tombés amoureux d'une vieille maison de soixante-quinze ans avec ses grandes pièces, ses hauts plafonds et ses jolies moulures. De nombreux travaux étaient nécessaires : il fallait refaire l'électricité et la plomberie, défaire des murs, acheter de nouveaux électroménagers, rénover la salle de bains… Mais ils étaient certains de pouvoir faire de cette maison un petit chef-d'œuvre. Malheureusement, quand ils commencèrent les travaux ils découvrirent que la maison ne tenait que par la peinture. Toute l'infrastructure était pourrie. Ce qui semblait si magnifique de l'extérieur était complètement rongé de l'intérieur par le travail des termites. L'entrepreneur dit à nos amis qu'ils étaient chanceux de ne pas avoir emménagé dans la maison avant d'entreprendre les travaux, parce qu'elle n'était pas habitable sur le plan de la sécurité. En fait, les planchers et les plafonds étaient près de s'effondrer.

Après avoir écouté leur histoire, je me suis dit que cela était aussi vrai pour notre infrastructure personnelle quand nous négligeons les besoins de notre cœur et de notre esprit, en d'autres mots, de notre âme. Cela peut mener à l'effondrement.

Je suis certaine que si je ne pouvais compter sans cesse sur la force et la sagesse de Dieu, je serais en ruine. Je n'ai tout simplement pas tout ce qu'il faut pour gérer seule ma vie et mes deux carrières.

7. *Souvenez-vous que la vie n'est pas une nature morte.* La vie n'est pas une photographie. Elle est toute en mouvement. N'est-ce pas extraordinaire ? Un vieil adage texan dit à propos de la température locale que, si on ne l'aime pas, on n'a qu'à attendre une minute et elle changera. Nous n'aimerons peut-être pas tous les changements, mais nous pouvons nous y préparer en maintenant notre équilibre personnel, en vivant calmement, de la façon la plus stable et la plus déterminée possible. Et bien qu'il existe des choses que nous ne pouvons pas changer, en demeurant reposée et détendue, en étant prête physiquement, mentalement et spirituellement, nous pouvons trouver des solutions originales qui nous permettront de rester dans la voie centrale.

Avoir un comportement de gestionnaire

Il y a un concept de gestion qui s'appelle en anglais *executive neglect*. Cela peut paraître négatif, mais en fait, c'est extrêmement positif. Cela signifie que les gestionnaires doivent apprendre à négliger certaines choses pour pouvoir se concentrer sur d'autres. Pour ce faire, ils doivent s'entourer de personnes compétentes et mettre sur pied des systèmes efficaces de telle sorte que le travail soit exécuté et qu'ils aient confiance en leurs subalternes. Les gestionnaires doivent consacrer leur temps à réaliser leur mission ou leur vision afin que l'entreprise demeure à l'avant-garde. En tant que gestionnaire familiale nous pouvons mettre en pratique ce concept de *executive neglect*.

Mais ce que nous ne pouvons faire, c'est de négliger la gestionnaire. Cela signifie prendre soin de soi, de ce cerveau, de ces mains, de ce cœur, de cette âme que nous possédons, sans lesquels nous ne pourrons jamais rien réaliser, peu importe ce que c'est.

Pour conserver votre équilibre

- Peu importe combien de carrières nous avons, nous n'avons qu'une seule vie.
- Si je suis épuisée et ne peux plus agir, non seulement je cesse de vivre pour moi-même, mais les gens qui m'entourent et qui dépendent de moi sont aussi perdants.
- Si nous conservons notre équilibre, que nous prenons soin de notre écologie personnelle, nous pouvons répondre aux exigences de la vie avec toute l'énergie requise.
- Est-ce que vous menez votre vie et celle de votre famille avec une carotte ou avec un bâton ?
- La meilleure façon de découvrir ses besoins essentiels, c'est de s'écouter soi-même et d'écouter son corps.
- Variez le genre de personnes que vous fréquentez.
- Ne cessez jamais d'apprendre.
- Comportez-vous en gestionnaire : négligez certaines choses en les confiant à d'autres, mais ne négligez jamais la gestionnaire.

Remerciements

Aucune femme ayant deux carrières ne peut tout accomplir seule, et moi non plus. J'ai reçu l'aide inestimable des personnes suivantes dans la réalisation de mon projet de livre, de la conception jusqu'à la publication.

Jan Johnson, éditrice extraordinaire, qui m'a lancé des défis, m'a encouragée et m'a poussée (parfois fort) à préciser ma pensée. Le mot médiocrité ne fait pas partie de son vocabulaire.

Mon équipe de travail : Holly Halverson, la diva des détails, sans qui je ne réussirais jamais à respecter les échéanciers ; Katie Weiss, mon assistante dévouée, qui jongle habilement avec des myriades de demandes d'aide de toutes sortes ; et Nancy Guthrie, présidente de Guthrie Communications, qui me garde les deux pieds sur terre.

Phil Pfeffer, président et chef de la direction de Random House, et probablement la personne la plus occupée de la planète, mais qui a trouvé le temps de me conseiller et de m'encourager, et de me présenter à la merveilleuse équipe chez Ballantine.

L'équipe éditoriale chez Ballantine, avec qui ce fut un honneur et une joie de travailler : Judith Curr, Susan Randol, Ellen Archer, Linda Grey, Claire Ferraro, Nancy Inglis et Alix Krijgsman.

Marcy Posner, vice-présidente de l'agence William Morris. La confiance qu'elle a eue en moi et ses encouragements m'ont été précieux.

Et enfin, mon mari, Bill, à qui je dois le plus. Ce n'est pas facile d'être marié avec une femme aux multiples activités professionnelles. Sans son amour et son soutien, je ne pourrais accomplir tout ce que j'entreprends. Je remercie également mes fils, John, Joel et James, qui acceptent volontiers de servir de cobayes dans l'élaboration des principes de la gestion familiale.

IMPRESSION
IMPRIMERIE GAGNÉ

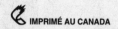

IMPRIMÉ AU CANADA